画说《道德经》

王家春　著

人民美術出版社
北京

图书在版编目（CIP）数据

画说《道德经》/ 王家春著. -- 北京：人民美术出版社, 2020.9（2021.7重印）
ISBN 978-7-102-08574-6

Ⅰ. ①画… Ⅱ. ①王… Ⅲ. ①道家②《道德经》—图解 Ⅳ. ①B223.1-64

中国版本图书馆CIP数据核字(2020)第171403号

画说《道德经》HUASHUO DAODEJING

编辑出版 人民美術出版社
（北京市朝阳区东三环南路甲3号 邮编：100022）
http://www.renmei.com.cn
发行部：（010）67517602
网购部：（010）67517743

编　　著 王家春
绘　　画 王家春 周建玲
责任编辑 沙海龙
特约编辑 李俞兵
装帧设计 翟英东
责任校对 白劲光
责任印制 宋正伟
制　　版 朝花制版中心
印　　刷 雅迪云印（天津）科技有限公司
经　　销 全国新华书店

版　次：2020年10月　第1版
印　次：2021年7月　第3次印刷
开　本：710mm × 1000mm　1/16
印　张：15.25
印　数：6001—9000册
ISBN 978-7-102-08574-6
定　价：79.00元
如有印装质量问题影响阅读，请与我社联系调换。（010）67517812

序

喜闻家春先生用“画说”的形式，将《道德经》的要义惠予大众，甚感欣悦。

《道德经》是先秦时期道家学派的代表性著作，是中华优秀传统文化的重要经典，它的影响已经从中国走向了世界，与东方智慧紧密联系在了一起。

家春先生在河南工作时，因学哲学，曾来陕与我商“道”，后调陕西工作，联系更多，遇道家文化“玄奥难懂”时，我也多有开示。与家春先生相交多年，先生在很多方面颇有造诣，学识渊博，并贵在不断自修并助人修，精神可嘉。

《道德经》简短五千言，微言藏大义，但原文晦涩难懂，大众读者很难把握其要义。家春先生今著图文并茂之册，释《道德经》奥义，开导众生，慰抚人心，助人增慧，乃上善之举。今阅之深感至善至慧，遂唱偈曰：

画文相辅，形意互佐。自成一派，珠联璧合。

体道法天，济度众生。不必赘述，仅草为序。

中国道教协会原会长　任法融

自序

——我只是把智慧的甘泉端给大家

人和人的不同，有两个方面：一是智商的高低，二是智慧的多少。

智商高的人，往往在某一个方面具有天赋，可以取得事业上骄人的成功。但其人生，不一定幸福美满。

唯有智慧，可以使人在漫长的人生历程中，懂得取与舍、进与退、争与让。避开人生的险道，选择人生的平安大道，达到人生的幸福与圆满。

而《道德经》，就是一本可以启迪智慧的经典读物。

遗憾的是，《道德经》虽好，读懂它的人却少之又少。很多的专家学者，对《道德经》的研究、诠释达到了前所未有的深度和高度，但离人民的生活和工作，却越来越远。例如有人把电子计算机的发明、宇宙大爆炸的理论、量子力学的探究等都和"道"的一系列解说联系在了一起。又有人专门考证，"竹简版""帛书版""通行版"究竟哪一个才是老子的"原版”等等。更有专家学者，引经据典，从词汇学、训诂学、古史考证方面对老子的“道”作不同的解释。本来很扼要的“五千言”，变成了厚厚的一本本巨著，使热爱智慧的普通读者望“书”生畏。

其实，作为一个想从中国优秀传统文化中吸取人生智慧的普通读者，没有必要也大可不必如此进行深入的探究。如果用大哲学家尼采对《道德经》的比喻：它是满载宝藏、永不枯竭的甘泉。那么我们需要的，只是一把能够舀一杯甘泉的水瓢而已。而大部分专家研究《道德经》“甘泉”有多深、“水流”有多大、“形成”有多少年代、“微量元素”有多少等。唯独忘了，广大读者只是想喝上一口甘甜的《道德经》的泉水。

让专家们去研究这部甘泉的深奥吧。我只是用“画说”的方式，送给读者一把水瓢，用它舀上甘甜的《道德经》的泉水，滋润我们人生道路上干哑的喉咙、提振我们人生道路上勇往直前的精神、启迪我们人生道路上面对困难和困惑的智慧，从而引领我们有一个幸福圆满的人生。

虽为一瓢，受益一生。

目录

上篇　道经

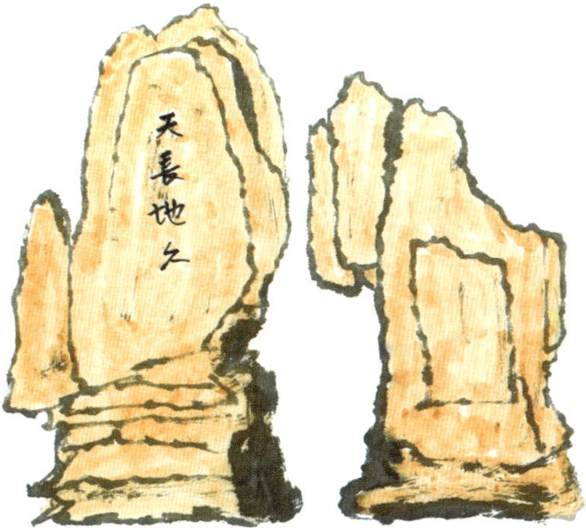
天長地久

下篇　德经

酒

上篇　道经

01 道可道，非常道，名可名，非常名

‖原文‖

道可道，非常道；名可名，非常名。无名天地之始，有名万物之母。故常无欲，以观其妙；常有欲，以观其徼[①]。

此两者同出而异名，同谓之玄，玄之又玄，众妙之门。

‖释读‖

宇宙大道可以说出来，但说出来的道已经不是原来的宇宙大道。万事万物可以命名，但可以命名的事物就不是永恒存在的事物。天地形成之初，万物还没有产生，所以都没有名称。产生了万物并给予不同的名称，天下便有了万物的概念。所以，要从万物产生之前“无”的状态，体会大道的奥妙；要从万物产生后“有”的状态，观察事物之间的差别界限。

无和有这两者都从大道产生，都有不同的名称。两者都很玄妙，玄之又玄，所以研究“无”和“有”是通向宇宙大道奥妙的方便之门。

‖智慧启示‖

世界从哪儿来？世界从“无”中而来。世界如何呈现？世界从“有”中呈现。

宇宙大爆炸学说已经揭示，在宇宙产生之初，只有很小的一个点，

‖注释‖

① 徼（jiào）：边界，引申为具象，具体的形象。

这就是无，然后产生了大爆炸，不断地向外膨胀，产生了银河系等星系，在地球上，又产生了万物，其中包括了人类，而最终这一切都将消亡。即使是宇宙，膨胀到极限时，在黑洞的作用下，也将消亡。所以“有”是从“无”中来的，最终还将归于“无”。我们看不见的宇宙大道，主宰着这个世界的变化规律，我们能看见的万事万物呈现着这个世界的奥妙关系，这是老子智慧的最根本的基石。“无”和“有”同出一门，互相转化，互相呈现，玄妙深奥。

“有”“无”相生相克，不仅是宇宙中的大规律，在人的一生中，种种的际遇，也是“有”“无”相互转化的道理。就如我们赤条条地来，是“无”，然后奋斗拼搏，是“有”，最后又赤条条地去，又复归于“无”。我们为了健康而追求营养，这是健康方面的“有”，但过于追求营养，又伤害了健康，这又成了健康方面的“无”。“有”“无”之间的玄妙，渗透在我们人生的各个方面，比如“舍”“得”之间的关系，就是“无”“有”的另一种表现形式，参懂“无”“有”的关系是人生大智慧。

02 圣人处无为之事，行不言之教

‖原文‖

天下皆知美之为美，斯恶[1]已；皆知善之为善，斯不善已。

故有无相生，难易相成，长短相较，高下相倾，音声相和，前后相随。

是以圣人处无为之事，行不言之教，万物作[2]焉而不辞，生而不有，为而不恃，功成而弗居。夫唯弗居，是以不去。

‖释读‖

天下的人知道了美之所以为美，丑的观念也就产生了，知道了善之所以为善，恶的观念也就产生了。因此，有和无相对而生，难和易相对而成，长和短相对而现，高和低相对而分，音和声相对而和，前和后相对而随。这是永恒的道理。

所以圣人处事顺从自然，不刻意而为，教化人身体力行，不夸夸其谈。万事万物自然运行不去干预，万事万物生机勃勃不占为已有，万事万物自我作为不施加影响，万事万物有所功成而不去居其功劳。因为圣人不居其功，所以也不会失去功名。

‖注释‖

① 恶：丑的意思。

② 作：兴起，生长。

‖智慧启示‖

这个世界的一切都是相对的，因为有美，所以必然会有丑，如果没丑，也就不会有美的概念。因为有善，必然会有恶，没有恶的衬托，善也就无所谓善了。

明白了这样的道理，我们就会对人生的际遇有一个新的认识，就会理解这个宇宙运行的永恒道理：有白必有黑，有长必有短，有上必有下，有高必有低。人生有高峰，必有低谷，有幸福，必有痛苦，有成功，必有失败。任何人都改变不了宇宙的运行法则，我们唯一能改变的，就是对待这个法则的态度。

当我们失败的时候，不必灰心，坚持下去，成功就在前方等待。

当我们成功的时候，不能骄横，此时失败可能就在暗处。

当我们遇到困难的时候，不必害怕，困难就像弹簧，你强它就弱，你弱它就强，坚持下去，回头一看，困难只是一个传说。

当我们一帆风顺的时候，不能自负。易处多陷阱，你防它就怕。若我们自负而不小心，一旦失误，回头一看，原来你翻船的地方只是一个小小的河沟。

智慧的人生顺应宇宙的大道，懂得顺势而为，不与自然规律作对，同时不自负自傲，达到这样的境界，也就有圣人的品格了。

03 不尚贤，使民不争

‖原文‖

不尚贤，使民不争；不贵难得之货，使民不为盗；不见可欲，使民心不乱。

是以圣人之治，虚其心，实其腹；弱其志，强其骨。常使民无知无欲，使夫①智者不敢为也。为无为，则无不治。

‖释读‖

不推崇贤能外在的名声，使老百姓不去争名争利；不去炒作稀奇物品的价值，使老百姓不起盗窃之心；不去展现可以引起贪欲之心的事物，使老百姓的心不会因贪心而迷乱。

所以得道之人治理天下，虚其争名争利的贪心，让老百姓衣食无忧，不去争权夺利，而去强身健体，使百姓生活在没有奸诈、简单无欲的休闲生活中，让那些想投机取巧的人也不敢去投机取巧。这样看似“无为”的治理，其实是“无不为”的最好的治理。

‖智慧启示‖

有人把老子的这段论述解释为老子的“愚民”思想，“实其腹，弱其志，强其骨……”好像把老百姓当成了“动物”，让他“吃饱穿暖，不要有什么志向，身强体壮没脑子”，如果这样解释，就曲解老子的大智慧了。

‖注释‖

① 夫：助词，无具体意思。

人们怎样才幸福？只有心灵的宁静才会有真正的幸福感，一个对钱财贪得无厌的人，钱再多也不会满足，不满足就不会幸福；一个对官位贪得无厌的人，官再大，还会削尖脑袋往上钻，永远不会有心灵的宁静。所以老子的理想，其实是让人们返璞归真、宁静守拙，享受人生每一天的美好！

人生要想幸福，就不要为名所累，不争名，不要为物所累，不争货，不要为利所累，不贪欲。达到这样的境界，不就是“心不贪，腹能实，志不高，身体好，顺其大道”的幸福人生吗？

04 道冲，而用之或不盈

‖原文‖

道冲[1]而用之或不盈[2]，渊兮似万物之宗。挫其锐，解其纷，和其光，同其尘。湛[3]兮似或存，吾不知谁之子，象帝之先。

‖释读‖

道，看着是空虚无形，但用起来又取之不尽。它是那样深不可测，是自然界万事万物的祖宗。

它不显露锋芒，它化解各种纷争，它调和自己的光芒，它与尘垢相处也很坦然。

它隐藏得很深呀，时而不见，时而又出现，我不知道它是谁生的，但它在天帝之前就有了。

‖智慧启示‖

在老子的眼中，道最少有这么几层意思：

①万物产生的根源

②万物运行的规律

③认识万物的法门

④济世安邦的准则

⑤为人处事的智慧

‖注释‖

① 冲：空、虚。

② 盈：充满，到处都是，引申为穷尽。

③ 湛：深沉，引申为隐藏。

这些东西，都是无形的，你看不见，你抓不住，但是，它又无处不在，无时不有，当你使用它的时候，取之不尽，用之不竭。因此，对于喜欢大道的人，这是人生可以免费使用的巨大财富，对于不懂大道的人，它又逃离得无踪无影。

所以，老子说，它是那样深不可测。它展示了大道的显著特征：它不锋芒毕露，知道这样容易造成夭折；它善于化解各种纷争，使万事万物达到和谐；它主动收敛自己的光芒，不去标榜自己的伟大；它能够与庶民同尘，无论高贵还是卑下，都能融入其中。

而大道的这些美德，用于我们济世安邦、为人处世，不正是人生的大智慧吗?

如果我们能为人谦虚，不锋芒毕露，人生路上将会少多少敌人?

如果我们能化解矛盾，和谐处事，人生路上将会多多少朋友?

如果我们能低调做人，不以才华自诩，人生路上又将会多多少挚友?

如果我们能与百姓连成一片，敬重感恩每一个人，人生路上又会多多少助力?

这似有似无的大道，给我们的是为人处事的妙门。

05 多言数穷，不如守中

‖原文‖

天地不仁①，以万物为刍狗②；圣人不仁，以百姓为刍狗。天地之间，其犹橐籥③乎？虚而不屈④，动而愈出。

多言数穷⑤，不如守中⑥。

‖释读‖

天地没有偏爱之心，对待万物就像对待用草编的“刍狗”一样，让其按照自身规律自生自灭。圣人也没有偏爱之心，对待老百姓也像对待用草编的“刍狗”一样，让其按照自然规律生生不息。

天地之间就像一个巨大的风箱，虽然是空的，但它并不会缩屈，一旦动起来又包含巨大的动力。

政令和说教太多，反而会走向衰落，倒不如坚守静虚的大道，让其按照自然规律发展运行。

‖智慧启示‖

物极必反，这里的“不仁”，其实是“大仁”，没有“偏爱”之心，正是一种不刻意于爱的“大爱”。这是让万事万物复归于自然的本性，让它按照固有的天道发展。只有这样，万事万物才能各显生机、竞求发展，出现一派欣欣向荣的局面。

而我们一旦过多地注入个人的情感，表面上是爱，结果却违背了自然

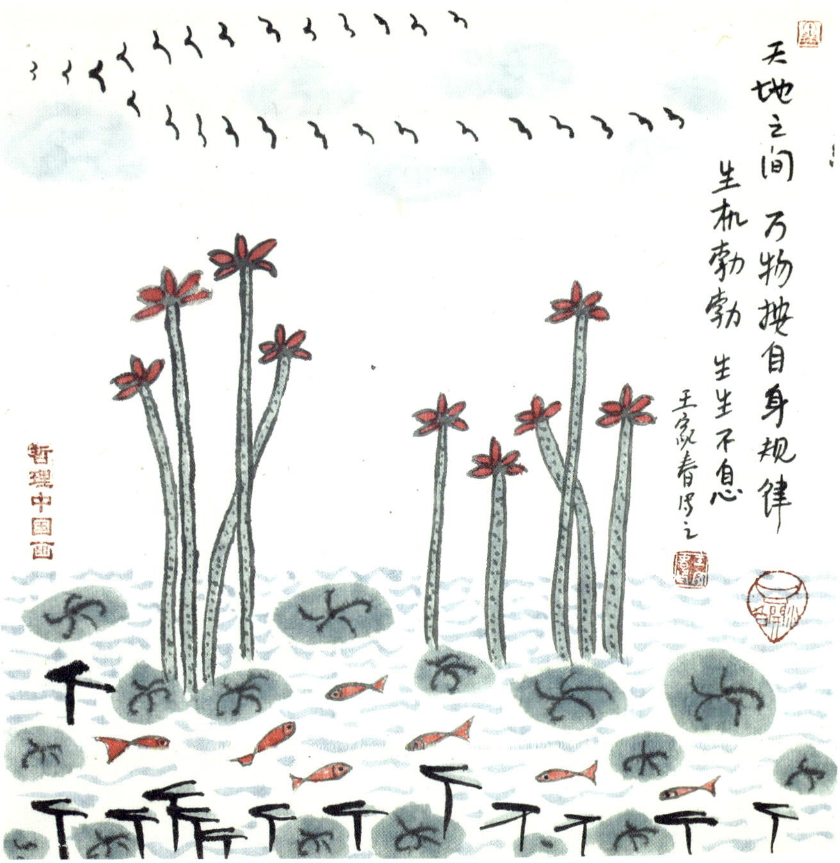

注释

① 仁：道法范畴，是指相互之间的友爱。

② 刍狗：用茅草扎的狗。

③ 橐龠（tuó yuè）：古指为炉火吹风的手风箱。

④ 屈：弯曲，这里比喻收缩。

⑤ 多言数穷：多言，在官指政令，在民指说教。数，通速字，加快。

⑥ 中：这里指“道”。

发展的大道，反而对事物造成了伤害。

小时候在农村，经常晚上去树林里捉蝉蛹，有时候会碰到一些变出一半的蝉蛹，蝉的半个身子露在蛹壳外，吃力地从蛹内向外挣扎，大半天都没有多大变化。小朋友们实在不忍心看到蝉这么艰难地脱壳，便好心地用手把壳撕开，于是蝉不费劲地从蛹中挣脱出来。

第二天早上起来，扣在大盆子下的蛹都变成了漂亮的蝉，身上披着一双透明的蝉翼，个个精神抖擞，一不小心没注意，呼啦一下都从盆下飞上了空中。但是，把壳撕开的那只蝉，却躺在原地未动，仔细一看，原来它的翅膀只张开了一半，根本就飞不动。

原来，蝉从蛹中挣扎而出，是自然的规律，通过挣扎用力的过程，才能将营养体液挤压到翅膀上，从蛹中出来后，翅膀才能发育完全，而正是小朋友的“爱心”，让蝉失去了飞行的能力。

这种“爱”，成了一种“害”。

将此用于我们的人事，我们总希望自己的孩子从小少吃苦、少磨难，会不会好心没有好结果呢？

06 绵绵若存，用之不勤

原文

谷神[1]不死，是谓玄牝。玄牝之门[2]，是谓天地根。绵绵若存，用之不勤[3]。

释读

道是永远存在不会死亡的，它是一个伟大而玄妙的母体。母体的产门，就是产生天地万物的根源。它连绵不断、时隐时现，永远生育着万物，又永远没有感到过辛苦。

智慧启示

在这里，老子对道进行了拟人化的描述，使人们对产生天地万物的道有了一个形象化的理解。道是一个永远的存在，它是一个母亲，万事万物都是它的子孙，它永远滋养着万物，因为这是自然的规律。

就像久旱的农田，忽然迎来了瓢泼大雨，那雷电交加、狂风大作的前奏，就是自然的造化。这虽然是“道”的运行，但“道”并没有用多大力气，是自然界自我运行的规律。如果让人去干这些事情，这需要多大的神力啊！于是人便拟想出了雷神、风神、能下雨的龙王。而老子认为，这是道的自然运行，是自然界运行的自身规律。

当我们认识到道的永恒时，启示我们都要遵守自然法则，按照自然规律办事。因为道是永恒的，不管什么时候，违背自然规律，只能受到自然的惩罚。

‖注释‖

① 谷神：谷，两山之间的空隙，比喻虚空；神，变化莫测的事物，比喻神奇。谷神组合到一块，就是神奇的虚空。这就是老子说的产生万物的“道”。

② 玄牝之门：喻指雌性动物的生殖器官。比喻天地生育万物的根源。

③ 勤：辛苦。不勤，不辛苦。

07 以其不自生，故能长生

‖原文‖

天长地久。天地所以能长且久者，以其不自生[1]，故能长生。

是以圣人后其身而身先，外其身而身存。非[2]以其无私邪[3]？故能成其私。

‖释读‖

天地是长久的，天地之所以能够长久，是因为它没有私利、不为自己而生，所以才能够长生。

所以圣人总是谦让后退，反而受众人尊重，被推举在前，遇到危险敢于置身度外，反而自身得以保全。这些不正是因为他们的无私反而成就了他们自己吗？

‖智慧启示‖

天地虽不永恒，但天地可以长久，在人类的有限认识中，天地长久得足以称为永恒。

为什么说不是永恒？宇宙大爆炸理论认为，在大爆炸之前，是不存在地球的，因此也不会有天地的概念，也就不存在天长地久。老子也认为，天地万物从何而来，是“道”产生的，道未生出天地之前，一片混沌，也无所谓天长地久。

‖注释‖

① 不自生：不为自己而生存。

② 非：副词，不正是之意。

③ 邪：古汉语同耶，助词。

至天地产生以后，天地成为人的认识中最长最久的存在。为什么？老子回答，因为天地从未有私心，它们是为万物而存在，天无私覆，地无私载，这就是天地得以长久的天道。

这样的天道用于人道，就是大智慧的圣人之道：无私无欲，处后居下，先人后己。能够做到如此，反而能占有先机、保存生机，所以老子称，这种“无私”换来的是“成其私”。

一个人一事当前，总想着自己，有点小利，千方百计、勾心斗角地要去争取，甚至不惜采取下三滥的手段，损人利己，这样的人暂时也会得到一些好处，但长久来看，一定是得不偿失。而那些一事当前，处处想着他人，利益在前，从不争先恐后的人，长久来看，反而得到众人的爱戴，得以实现自身的价值。

举一个简单的例子。2014年，我去沂蒙山考察，听到了很多战争年代老百姓舍命掩护解放军的故事。正是因为解放军临危不惧，为人民的利益不惜牺牲自己，如老子说的“外其身”，不顾危险，保护人民，所以得到了人民的爱戴。遇到危险时，人民群众自发地掩护着我们的革命战士，这正是“外其身而身存”的生动事例。

当一个人在家庭中、生活中、工作中遇到的不顺越来越多的时候，不妨反思一下，自己是不是和“天道”有了差距。

08 水善利万物而不争

‖原文‖

上善若水。

水善利万物而不争，处众人之所恶，故几[1]于道。

居[2]善地，心善渊，与善仁，言善信，正善治，事善能，动善时。

夫唯不争，故无尤[3]。

‖释读‖

最高层次的善就像水一样。

水滋养着万物而不和万物相争，处众人不喜欢的低凹之处而心甘情愿。所以，水最近乎大道。

人要像流水一样甘居低处。心胸要像渊水一样保持安静。交往要像雨水一样滋养万物。言行要像水热成雾、水冻为冰一样坚守信用。为政要像治水一样堵疏并用。做事要像水大去载舟、水小去泽田一样尽其所能。行动要像云水一样，春时为雨而泽田，冬时为雪而覆苗，正当其时。

正是因为像水一样顺应大道、不与人争，所以才不会招人怨恨。

‖注释‖

① 几：接近。相当于“几乎”“差不多”之意。

② 居：处在，处于。

③ 尤：过失，过错，怨恨。此处应当怨恨讲。

‖智慧启示‖

人在社会上的烦恼从何而来，无外乎这样两点：一是与人争名争利，唯恐得不到；二是招人怨恨，心里气不过。如何才能无忧无虑无烦恼，老子在这里给出了答案：上善若水。像水一样处事，向水的德行靠近，这样就接近了人生大“道”。因为水滋润万物，而又不去与万物争名争利；水甘居于下而成大江大海，不怕接纳污水污垢；水遇到阻挠，迂回百转，绕道而走，而成滚滚河流；水以柔克刚，滴水穿石，而毅力坚强。它同时具有七善的美德：善地、善渊、善仁、善信、善治、善能、善时。顺应自然，不与人争，自然会达到一种无忧无虑的境界。

人们常说：人往高处走，水往低处流。这句话并没有错。人往高处走，指的是干事创业；而学习水往低处流，说的是为人处事。当事业有所成就的时候，更应该谦恭低调、甘居人后，这样才能少招人妒嫉，从而可以保全自身。历史上很多名臣，位高权重时请辞归乡，就是借鉴水的智慧。汉代张良，显赫之时，隐身而居，就是典型的事例。

那些趾高气扬、唯利是图、不可一世的人，鲜有好的结局，以水为师，甘居人后，方可无忧无虑。

09 功遂身退，天之道也

原文

持而盈[1]之，不如其已[2]。揣[3]而棁之，不可长保。

金玉满堂，莫之能守；富贵而骄，自遗其咎。

功遂身退，天之道。

释读

事事追求盈满，不如适可而止；金属锤击出的锋尖，容易折断不会长久。

金玉满堂，不能常守，富贵而骄，自引祸端。

成功了能隐身而退，这才符合天之道呀！

智慧启示

老子的这一段论述，充满了辩证法的思维：万事万物都有个度，如果把握不好这个度，就会使事物发展走向自己的反面。

度是什么？度就是我们日常用语中说的分寸。无论做什么事，都要把握好分寸，恰到好处，见好就收，留有余地，而不能追求盈满，更不能锋芒毕露、骄傲自满。

而在现实生活中，与此恰恰相反，更多的是贪心不足蛇吞象，私欲膨胀无节制，在争名争权上得寸进尺，恃才傲物，不可一世，最后都落了个可悲的下场。

所以老子告诫大家，要善于审时度势、急流勇退，这样才可保全天年。

‖注释‖

① 盈：满，容器装满为盈。

② 已：停止，罢了。

③ 揣（古音zhuī）：多音多意字，此处为锤击之意。

10 专气致柔，能婴儿乎？

原文

载[1]营魄[2]抱一，能无离乎？专气致柔，能婴儿乎？涤除玄览，能无疵乎？爱民治国，能无知乎？天门[3]开阖，能无雌[4]乎？明白四达，能无为乎？

生之、畜之，生而不有，为而不恃，长而不宰，是谓玄德[9]。

释读

精神与肉体合二为一，能不分离吗？平心静气，达到柔和，能像婴儿一样吗？以心为镜，涤除杂念，能做到没有过失吗？关爱民众，治理国家，能顺应自身规律无为而治吗？耳、目、鼻、舌感知外界，能保持安静吗？东西南北事事通达清楚，能不使用心计吗？

“道”产生万物并养育万物。它产生万物而不去占有，滋养万物而不去居功，生长万物而不去主宰，这是大德呀！

智慧启示

在老子的眼中，“道”是放之四海而皆准的真理。道不仅存在于天地运行中、社会发展中，也存在于修身、齐家、治国、平天下中。老子用疑问句式，告诫了人们如何才能符合大道。

身心合一了吗？

如婴儿般纯洁无邪吗？

‖注释‖

① 载：助词，加重语气。

② 营魄：身体和精神。

③ 天门：指口鼻耳目七窍。

④ 雌：母性柔弱，引申为平静。

让百姓顺应自然规律生生不息了吗？

为外界的诱惑搅乱心智了吗？

大智若愚、难得糊涂了吗？

这不仅是为人处世的智慧、治理国家的智慧，也是养生健身、长命百岁的智慧。

人怎么样才能健康？身心合一。一个整天魂不守舍的人，一定会消耗自己生命的真气、元气，最终使健康受损，所以养生专家强调的打坐冥想，其实就是把心收回来，达到身心的统一。身心统一，自然就会净化心灵中外在的诱惑，使内心复归于平静，如婴儿般心无杂念。当一个人心无杂念的时候，就不会居功自傲、追求虚名，治理民众时就会顺其自然、无为而治，而不会急功近利、追求政绩。达到这样的境界，就会明白四达，对什么问题都看得清清楚楚，对好人坏人也是一眼而知，但大智若愚，并不用计谋去获取私利。修身到这样的境界，事事通达，物物随缘，无忧无嗔，自然心灵宁静、幸福安康！

11 有之以为利，无之以为用

‖原文‖

三十辐共一毂[1]，当其无，有车之用。埏埴[2]以为器，当其无，有器之用。凿户牖[3]以为室，当其无，有室之用。故有之以为利，无之以为用。

‖释读‖

三十根辐条环绕在一个车毂上，车毂中间是空的，才能有车轮的作用。

把泥土制作成陶器，陶器中间是空的，才能有容器的作用。

开凿门窗，建造房屋，房屋中间是空的，才能有居住的作用。

所以说实有的物体给人带来的便利，是“无”在其中发挥了作用。

‖智慧启示‖

一般人眼中看到的都是“有”的作用，而忽视了“无”的作用，其实有和无相互依存、相互作用甚至相互转化。很多“有”之所以能存在，是“无”帮它生成的结果，很多“无”之所以有用，是“有”帮助它奠定了基础。比如健康的身体是“有”，正是建立在少吃、少欲、少贪的基础上，这个少就是“无”。而房间的中空、皿物的容积，是建立在外墙及容器四周的隔板上。如果没有了墙、没有了隔板，这里的“无”也就没有了价值。

注释

① 毂：车轮中心的一个零件，用木制辐条把它和轮圈连接起来。相当于现在自行车车轮中间放车轴的金属件，中间是个圆洞，车轮在车轴上可以转动。

② 埏埴：用水和土糅合成泥。

③ 户牖（yǒu）：门窗。

有和无的辩证关系，启示我们面对纷繁的世界，一定要辩证地看待问题。遇到人生的困难，要学会寻找克服困难的方法，从“无”中找“有”；遇到人生的顺境，要学会居安思危，从“有”中找“无”。只有这样，才能有无相生、互促成长。

有人做过一个调查，中学生的读物有两种：一是课本，一是课外读物。在这里，课本是“有”，因为考试考的是课本；课外的小说、诗歌等杂书是“无”，因为考试大纲里不会考试。大多数家长看到的是“有”，恨不得把所有时间都用来做课本上的作业，一看孩子看课外书就暴跳如雷，认为读课外书没有用，因为不考。也许专心背课本的会考个好成绩。但经过几年的跟踪调查，那些爱看课外读物的学生，走向社会的综合能力、适应能力更强，在这时“无”的作用就发挥了出来，“无用”成了“大用”。

12 五色令人目盲

‖原文‖

五色令人目盲，五音令人耳聋，五味令人口爽[①]，驰骋畋[②]猎令人心发狂，难得之货令人行妨[③]。

是以圣人为腹不为目，故去彼取此。

‖释读‖

色彩过于缤纷，伤害人的眼睛。音乐过于喧嚣，伤害人的耳朵。味道过于浓烈，伤害人的口舌。驰骋山野迷恋打猎，容易使人心态发狂。不容易得到的稀有贵重物品，容易诱惑人做出盗抢的不轨行为。

圣人安于果腹的简朴生活，不追求外在的灯红酒绿，因此要克服外在诱惑，保持内心安静。

‖智慧启示‖

老子研究天道，重要的目的是将天道用于人事，使人过得更有意义、更有智慧。因此，以道养生，就形成了独特的养生术。

这一段论述的就是养生的道理。

老子并不反对五色、五音、五味，他反对的是沉溺、迷恋。上天给我们眼睛，就是为了看，给我们耳朵，就是为了听，给我们嘴巴，就是能够吃。自然而然，看的时候，遇到美景，听的时候，遇到妙音，吃的时候，遇到美味，都是一种愉快的体验。只是这里有个度的问题，过于贪恋这些外在的愉快体验，反而会对自己造成伤害，所以老子主张，要守中、归

‖注释‖

① 爽：在此意为损伤。口爽，味觉受到伤害，口舌生病。

② 畋（tián）：打猎。

③ 行妨：妨害行为，指造成行为不轨。

朴、无欲、贵简，这样就会使自己心静、健康、快乐！

当下，重温老子的教诲，抵制外在的诱惑，追求内心的丰富，让浮躁的心灵得以平静，无疑是养生的第一要义。

13 贵以身为天下，若可寄天下

‖原文‖

宠辱若惊[①]，贵[②]大患若身。

何谓宠辱若惊？宠，为下得之若惊，失之若惊，是谓宠辱若惊。

何谓贵大患若身？吾所以有大患者，为吾有身，及吾无身，吾有何患！

故贵以身为天下，若可寄天下；爱以身为天下，若可托天下。

‖释读‖

受宠和受辱都会感到不安，对祸患的操心就像重视自己的身体健康一样。

什么是宠辱若惊？被宠的人处于低下的地位，得到宠爱，感到又喜又惊，心里不安，失去宠爱，更是悲愤交加、心生惊恐，所以叫宠辱若惊。

什么是贵大患若身？我之所以有大的祸患，是因为我有这个肉身，若我没有这个肉身，我还有什么祸患呢？

所以能以重视自己身体的态度对待天下，就可把天下寄托给他；像爱护自己的身体一样爱护天下，就可以把天下托付给他。

‖注释‖

① 惊：惊慌，惊恐，不安。

② 贵：重视，看重。

‖智慧启示‖

老子在这一章里，也是讲的为人处世之道，主旨就是“贵”身，珍惜自己的生命和健康。对因外在的诱惑引来的祸患，老子认为要像重视身体一样加倍操心，不能让祸患危及自己的安全。重视的目的不是逃避，而是想方设法加以避免。如何才能避免？不放纵情欲，不争名逐利，一切道法自然。

一个珍惜生命、爱惜自己身体的人，一定会顺应大道，不胡作非为，把这种珍重和爱施与国家和人民，国家就可以放心地交给他管理。人在社会，免不了要交上几个朋友，那么珍爱生命和健康的人，往往都是正能量的人，这样的人可以给你向上的力量。而一个对自己的健康都不珍重的人，上有老下有小，自己又是冠心病，遇到酒场照样一醉方休，不管自己升天后老人孩子咋办，缺少基本的责任和担当，与这样的人交朋友，也要慎重。

14 执古之道，以御今之有

‖原文‖

视之不见名曰夷[1]，听之不闻名曰希[2]，搏[3]之不得名曰微[4]。此三者不可致诘[5]，故混而为一。其上不皦[6]，其下不昧，绳绳[7]不可名，复归于无物，是谓无状之状、无物之象。是谓惚恍。迎之不见其首，随之不见其后。

执古之道，以御[8]今之有，能知古始，是谓道纪。

‖释读‖

看它看不见，称呼它为“夷”；听它听不到，称呼它为“希”；抓它抓不住，称呼它为“微”。此三者不能细究，因为它们混为一体。它的上面并不明亮，它的下面也不昏暗，连绵不断，无穷无尽，不可言说，经常复归于无形的状态。这是没有形状的形状，没有具体物件的物象，恍恍惚惚，若有若无，若存若亡。迎面走来看不到它的头，随后跟上见不到它的尾。（这是老子眼中的道）。

把握好这永恒的道，来驾驭处理当下的事务。认知道的本来状态，才能符合道的规矩。

‖注释‖

① 夷：灭，没有，引申为看不见。

② 希：稀少，引申为听不见。

③ 搏：握，抓。

④ 微：细小、微小，引申为摸不着。

⑤ 致诘：推究，细究。

⑥ 皦（jiǎo）：洁白，明亮。

⑦ 绳绳：形容接连不断。

⑧ 御：驾驭。

‖智慧启示‖

在这里，老子给我们描述了道是什么样子，虽然他一再强调“道可道，非常道”，但为了让人们认识道，他还是一而再再而三地说“道”，可见老子的良苦用心。

道是什么样子的呢？它看不到、听不见、摸不着，但它又无时不在、无处不有，万事万物都是它的儿子，就连我们人自身，也是道的产物，可以说整个宇宙，都体现着道的存在、道的规律。

面对这样一个道的存在，我们人应该怎么办呢？答案只有一个，按大道的规律办事。这就是老子说的：执古之道，以御今之有。

如何执古之道？很简单，就是按大道的规律办事。这个规律是看不见摸不着的，但是它又是客观存在的，漠视了它的存在，就会受到它的惩罚。比如炎炎夏日，高温40°C天气，不能在阳光下剧烈活动，这是道的规律。可是有人偏不信，以阳光照射可以补钙为由，在这样的天气下去打篮球，结果落了个头晕中暑皮肤晒伤的下场。在生活中的方方面面，都有这样的反面事例，事情虽小，但包含着“大道”之理。

15 夫唯不盈，故能敝不新成

‖原文‖

古之善为士者，微妙玄通，深不可识。夫唯①不可识，故强为之容。豫②焉若冬涉川，犹③兮若畏四邻，俨④兮其若容，涣⑤兮若冰之将释，敦兮其若朴，旷兮其若谷，混兮其若浊。澹⑥兮其若海，飂⑦兮若无止。

孰能浊以静之徐清？孰能安以久动之徐生？

保此道者不欲盈，夫唯不盈，故能蔽⑧不新成。

‖释读‖

古代那些得道之人，微妙玄通，深奥的使人难以认识。正是因为不好认识，所以只能勉强加以形容。

他们像“豫”一样小心，好像冬天要穿过冰河；像“犹”一样谨慎，好像四周都有敌人。他们恭敬庄重得就像要去做宾客，和蔼可亲得就像能把冰融化，敦厚老实得就像原始的木料未经雕琢，心胸开阔得就像虚空的山谷，浑然若愚得就像一潭不清澈的浊水，安然恬静得就像静静的大海，疾速不定得就像永不停止的大风。

谁能够让浑水安静下来慢慢澄清？谁能够在安静中动起来慢慢生长？

有这样道行的人，不去贪求过于圆满，正是因为不贪求过于圆满，所以才能不断地推陈出新。

‖注释‖

① 夫唯：助词，意为正是如此。

②③ 豫、犹：古代两种动物的名称。此两种动物都小心谨慎，生性好疑，所以后人用犹豫表示迟疑不决。

④ 俨：恭敬，庄重。

⑤ 涣：散开，化解。

⑥ 澹（dàn）：安然。

⑦ 飂（liù）：大风。

⑧ 蔽：同敝，旧，陈旧。

‖智慧启示‖

在这里，老子给我们刻画出了一个学习的榜样。古时候那些得道之人是什么样子的？

他们自然朴素，行为谨慎，庄重恭敬，虚怀若谷，洒脱明智，融入环境，不求圆满，不止精进，所以总能够推陈出新，永远保持精神上的新生和肉体上的健康。

老子“贵生”，对生命非常珍惜，所以老子讲的很多大道，也是人的养生之道。比如他讲得道之人，总是小心谨慎，像冬天踏过结冰的河川，先用脚试探一下冰的厚度，如果冰层不厚，不足以承重，便马上把脚收回来，避免掉入河中，如果试探后可以载人过河，也要小心前行，避免冰上滑倒，决不会贸然前行，将自己置于危险境地，给自己招来不必要的麻烦。

老子在这一章里，一共讲了得道之人的九个特点，每一点都值得我们细思。特别是最后的总结，不去贪求事事圆满，才能保证事事更新，更需我们深思。

16 致虚极，守静笃

原文

致虚极，守静笃，万物并作①，吾以观复②。

夫物芸芸，各复归其根。归根曰静，是谓复命。复命曰常③，知常曰明。不知常，妄作，凶。

知常容④，容乃公，公乃王，王乃天，天乃道，道乃久，没身⑤不殆。

释读

达到虚无的极致，坚守宁静的厚重。世间万物一并自由地生长，我观察着它们生生灭灭的循环往复。

芸芸总总的万物呀！最后都要回归到它产生的本源。回归本源就叫宁静，宁静中蕴含着新的生命。生命的循环往复这是规律，知道了这个规律就是贤明。不知道这个规律，妄自行动，就会生出灾祸。

知道了这个规律就会有包容心，有了包容心处事就会公平公正，公平公正则会惠及全体百姓，惠及全体百姓就能够得到天下，得到天下就是符合大道的结果呀！道可以使人长长久久，终身不会有什么祸患。

‖注释‖

① 作：兴起，生长。

② 复：循环往复。

③ 常：自然，永恒的状态。

④ 容：包容，宽容。

⑤ 没身：终身，一辈子。

‖智慧启示‖

每个人的心灵原本都应该是空明宁静的状态，只有这样才能映照出“道”的真面目，使人依大道而行。但是，过多的外在诱惑和各种各样的私心杂念，使清澈的心灵变得混浊，无法透视大道的真谛。如果这时候妄自而为，往往会出现大凶。

所以，老子让人致虚宁静，把心灵变得透彻澄明、一尘不染，然后以一种恬淡的心境，去观察万事万物的生生灭灭、循循环环，认识到万物运行的自然规律，不再为外在的名利而苦恼忧愁，因为它们也逃不了生生灭灭的宿命。

而世人恰恰迷惑在诱惑中难以脱身，为名所害，为利所累。本应为生命增添光彩的名利反而成了危及生命的包袱。而在虚静状态的修炼中，了解了大道并不以人的意志为转移，更不会因自己的意愿而改变，人生遇到的一切，该来的总会来，该走的又总会走，心胸就会变得开阔，也会由此变得豁达宽容，待人便不偏不倚、公平公正。如此，才能使自己远离灾祸，幸福终生。

这一条，是讲认识论，也是讲养生观。

17 悠兮，其贵言

‖原文‖

太上[1]，下知有之。其次，亲而誉之。其次，畏之。其次，侮之。信不足，焉有不信焉。

悠兮[2]其贵言[3]。功成事遂，百姓皆谓我自然。

‖释读‖

最高明的领导，老百姓感觉不到他的存在。第二层次的领导，老百姓亲近他、赞美他。第三层次的领导，老百姓畏惧他、害怕他。第四层次的领导，老百姓偷偷地轻视他、谩骂他。

当领导的诚信不足、言行不一，老百姓就会对他不信任、不相信。

（所以）最高明的领导总是显得不急不躁，悠闲自在，珍惜自己的言论，很少发号施令。事情办成功了，老百姓都说：我们本来就是这样子的。

‖智慧启示‖

什么样的领导才是好领导？在这里，老子给出了答案，最好的领导是让百姓自由地生长，按照大道自发发展，而不人为地过多干预。这是领导者的大智慧。

而在现实生活中，身居领导地位的人，往往觉得自己无所不知、无所

‖注释‖

① 太上：最上，最高明。

② 悠兮：悠闲自在。有的版本是犹兮。

③ 贵言：珍惜自己的话，意指少发号施令。

不通，对下颐指气使、唯我独尊，最后往往会产生想不到的不好结果。

比如在山上植树造林，种了十几年，年年种树不见树，后来封山育林，让山林自然恢复，没有几年，满山遍野郁郁葱葱。这就是“大道”的力量。

身居领导地位，并不单指什么大官，日常生活中，比如家长对孩子，也是这样的道理，那些德、智、体、美全面发展的学生，恰恰是家长比较放手的孩子，而过多地对孩子指手画脚的家长，反而适得其反。

所以，高明的领导，要学会放权，激发出每一个人自身的能量，其次一点，可以发点号、施点令，有为而治，与民共同奋斗，取得人民爱戴。而以高压、恫吓为领导方法的，当时会出一些成绩，而最后的结果往往是不吉。

18 大道废，有仁义

原文

大道[1]废，有仁义；慧智[2]出，有大伪；六亲[3]不和，有孝慈；国家昏乱，有忠臣。

释读

大道废弃，才会提倡仁义道德；投机取巧的计谋出现了，才会有狡诈和虚伪；家庭之间不和睦了，才会强调孝顺和慈爱；国家昏乱动荡，才会出现忠诚国家的大臣。

智慧启示

老子的这一段话，充满了朴素的辩证法，看任何事物，一定既要看它的正面，也要看它的反面，这样，看问题才能全面。

当一个社会提倡仁义道德的时候，一定是这个社会缺少了仁义道德；当一个社会靠计谋、智谋能谋取私利的时候，一定会使很多人变得虚伪狡诈。所以我们看人看事不可只看一点，而要多点思考，全方位判断。当一个人特别看中什么的时候，这个人内心一定最缺什么。所以那些满口仁义道德的人，往往最容易失去仁义道德。当下社会为什么会有骗子，因为骗子可以把骗你的东西说得天花乱坠，使人不得不相信是真的。这个时候，如果你懂老子的这段话，就会避免上骗子的当。

符合大道的管理模式，是不会树立学习榜样的，每个人都是独特的自己，靠自己内在的动力去完成事业。符合大道的管理模式，也不会要求按

‖注释‖

① 大道：天道。

② 慧智：这里特指聪明，机巧，智谋。

③ 六亲：指父子、兄弟、夫妇。

时按点上下班，因为每个人如果有内在的工作积极性，打卡就没有作用。而没有内在的工作积极性，即使能按时上下班，也只是一种形式而已。

明白了这样的道理，我们就不会人云亦云，遇到问题，就不会头痛医头、脚痛医脚，而会看看它的对立面。也许，把对立面的问题解决了，你想解决的问题就迎刃而解了。

19 见素抱朴

‖原文‖

绝圣[1]弃智，民利百倍；绝仁弃义，民复孝慈；绝巧[2]弃利，盗贼无有。

此三者[3]，以为文不足，故令有所属，见素抱朴，少私寡欲。

‖释读‖

杜绝和抛弃聪明巧智，老百姓可以得到百倍的利益；不去刻意崇尚仁义道德，老百姓就会回归到天生的孝慈；不去看中珠宝货利，盗贼也就不会出现了。

圣智、仁义、巧利只是文饰装潢，不足以治理天下。所以要告诉老百姓，去追求纯洁朴素的生活，少私心少物欲。

‖智慧启示‖

这一章，老子开篇就讲“绝圣弃智”，很多人解释为断绝圣明和智慧。如果这样理解，就完全错解了老子的意思。

这一章的中心意思就是回归道的本性，不人为地多加干涉，见素抱朴。这样人民才会幸福，社会才会和谐，国家也就没有忧患了。

因此，这里的绝圣，是指不需要对人民指手画脚的帝王，这里的弃

‖注释‖

① 圣：聪明、巧智。

② 巧：精工制作之物，也指珍宝之物。

③ 此三者：指圣智、仁义、巧利。

智，不是抛弃智慧，而是抛弃统治人民的各种计谋智谋，让老百姓道法自然，自发地去发展。

推崇仁义，就会有人假装仁义；推崇珠宝贵物，就会有人入门盗取。这样，就会出现狡诈凶险，国家就会出现动荡不安。所以老子主张少私少欲、返朴归真，不为外物所累。

当下，名义上的财富越来越多，开心却越来越少，能享受的现代化高楼、汽车、手机越来越上档次，幸福感却越来越少。为什么？皆因圣智、仁义、巧利所累。只有见素抱朴，方可得到内心的安宁和幸福。

20 俗人昭昭，我独昏昏

‖原文‖

绝学无忧。唯[1]之与阿，相去几何？善之与恶，相去若何？人之所畏，不可不畏。荒兮其未央[2]哉！

众人熙熙，如享太牢[3]，如春登台。我独泊兮其未兆，如婴儿之未孩[4]。累累[5]兮若无所归。

众人皆有余，而我独若遗。我愚人之心也哉！沌沌兮！俗人昭昭，我独昏昏；俗人察察，我独闷闷。

众人皆有以，而我独顽似鄙。我独异于人，而贵食母[6]。

‖释读‖

远离圣智、仁义、巧利的学问，这样的社会就没有什么忧患了。恭敬和怠慢之间，相差多少呢？善良和丑恶之间，相离又有多远呢？这些人人敬畏的道理，不能不去敬畏。这些道理如广漠的大地一样，没有一个尽头。

众人兴高采烈，如享受丰盛的筵席，如春天登上高台看景。我独自淡泊宁静，没有动心的兆头，混混沌沌，好像一个还不会嘻笑的婴儿，疲惫懒散，好像一个无家可归的浪子。

众人都财富宽余，而我就像遗失了财物一样变得不足。我的心是愚人之心呀，混沌无知。世俗的人都清楚明白，我独自一人昏昏沉

‖注释‖

① 唯：指恭敬。阿：回答声，漫不经心，指怠慢。

② 未央：央，尽头。未央，指没有尽头。

③ 太牢：古代祭祀时，用牛、羊，猪三牲为“太牢”，这里指丰盛的筵席。

④ 孩：古同咳，特指小儿笑声。

⑤ 累：疲惫。

⑥ 母：万物的母体，指道。

沉；世俗的人都精明算计，我独自一人憨厚愚昧。

众人皆有所作为，而我独自显得笨拙无用。我和众人不同啊，我的尊贵之处在于从“道”中吸取智慧、按道行事。

‖智慧启示‖

敢于说自己愚昧无知的人，往往不是愚昧无知，就像处处夸自己聪明伶俐的人，往往并不聪明伶俐一样。

老子说自己有愚人之心，别人都在享受，而他却淡泊，犹如初生婴儿一样无知，犹如流浪之人一样无家，昏昏闷闷笨拙无为。这不正是大智若愚吗？看似愚钝，其实是老子的大智慧。

西安向南40千米，有一座终南山，山中有万名隐士，其中不乏家有斗金的成功人士，但是他们抛弃了灯红酒绿的喧嚣生活，选择上山修行，正是顿悟了老子的智慧，远离勾心斗角，精明算计，回归大道的纯朴自然的境界。

21 孔德之容，唯道是从

‖原文‖

孔[1]德之容[2]，惟道是从。

道之为物，惟恍惟惚。惚兮恍兮，其中有象；恍兮惚兮，其中有物。窈兮冥兮，其中有精；其精甚真，其中有信。

自古及今，其名[3]不去，以阅众甫[4]。吾何以知众甫之状哉？以此。

‖释读‖

大德之人的一言一行，都是遵从道的规律的。

道是什么东西呢？它似有似无。在恍恍惚惚中能看到万物的形象，在模模糊糊中能感觉到万物的存在，在深远渺茫中存在着万物的本质，这万物的本质真真切切地存在，在其中给我们传递着万物的信息。

从远古到现在，道永远存在着，依靠它可以了解万物的本原。

我怎么知道万事万物初始发展的规律呢？依靠的就是“道”。

‖智慧启示‖

认识万事万物的规律靠什么？靠道。道又是什么？老子说，道是不好解说的，真正解说出来了，就不是道了。但是，老子为了让大家按道行事，又必须告诉人们什么是道，于是，他便用类比、比拟的办法让人们去

注释

① 孔：空，空旷，引申为大。

② 容：表现出来的形象。

③ 其名：指道的名。

④ 甫：古同父，引申为初始。

理解什么是道。

什么是道呢？表现在人身上就是有大德之人，大德之人的一言一行，就是道在人身上的具体表现。道看不见，摸不着，似有似无，或隐或现，但其中有象、有物、有精、有信。换句话说，我们看到的世间万事万物，它的形象、它的本质都存在于道之中，同时，他们也不断地给我们传递着道的信息。从这个概念上理解，我们通过研究万事万物的规律，可以接近道，而从另一方面，如果了解了道，也就容易认识万事万物发展的规律。

这就是从研究局部到认识整体和从认识整体再去分析局部的两个分析问题的方法。

无论从政、经商，还是研究学问，一定要学会谋篇布局，从大势上立足，再去从每一具体问题上着手。很多人只懂战术，局限于小胜小利的谋取，而失去了大局。所以，从战略上思考问题，往往更容易符合大道，立于不败之地。

22 夫唯不争，故天下莫能与之争

原文

曲则全，枉则直，洼则盈，敝[1]则新，少则得，多则惑。

是以圣人抱一，为天下式。不自见故明，不自是故彰，不自伐[2]故有功，不自矜故长。

夫唯不争，故天下莫能与之争。古之所谓曲则全者，岂虚言哉？诚全而归之。

释读

受得了委屈的人才能够保全自己，善于弯曲的物才能够不被折断而保持挺直。低洼的地方水才能充盈，破旧的东西才会有人去更新，索取的少反而得到的多，索取的多反而会感到迷惑。

所以圣人以守道作为天下的准则。他们不自我表现，因此看问题更能明察秋毫；他们不自以为是，因此处理问题更能彰显公平；他们不自我夸耀，因此踏实行事更容易成功；他们不骄傲自大，因此有谦虚之心更使人不断进步。

正是因为他们不与人争，因此天下便没有人与之相争。古时候所谓的“委屈而保全自己”这句话，怎么能是虚话呢？诚心诚意地去实践它就能归于大道了。

‖ 注释 ‖

① 敝：破旧，损坏。

② 伐：对外指讨伐、征伐，对己则是自负自擂、夸耀自己。

‖智慧启示‖

很多人认为老子让人们委曲求全，进而进行指责批判，这只能说明理解力差，没有读懂老子。老子的“曲则全”，重点不在“曲”，而在“全”上，这是从哲学辩证法的高度进行的概括和描述。

石头滚过来，逃离的鸡蛋都能保全，挺身而出的鸡蛋碰石头，只能碎个稀烂。狂风刮过来，善于弯曲的大树，虽树头左右摇摆，但大风过后照样恢复笔直的姿态向上生长，而那些宁折不曲的大树，个个都被折断，永远不会再笔直地奔向蓝天。因此，委曲、弯曲，其实是为了更好地存在和发展。

一个名牌大学的大学生应聘到一家公司打工，总感觉主管对他不好，处处挑他的毛病，和朋友讲准备辞职另谋高就。朋友懂《道德经》，就故意劝他，好呀，我同意你另谋高就，但这样走太便宜他了。你要利用机会，偷偷学习他的本事，把各项工作的能力好好学到手，做到对工作驾轻就熟，到那时候再走，才是对你的主管最好的惩罚。这人听从了朋友的建议，因为已经打算走，对主管挑毛病也不再在乎，收起了名牌大学的虚名，把工作当学习，每天认认真真把工作干完，其他人的工作也帮着去干，有时还主动加班到很晚……因为他有个信念，要快快把各项本事学会，好另谋高就。

过了半年，朋友见到他了，问他，学得怎么样了，可以辞职走了吧？

谁知他回答：“我不准备辞职了。这半年，主管和同事对我越来越好了，主管还任命我当了个小组长，把更多的工作交给了我，对我越来越信任了。”

这是什么？“曲则全”，不去争主管的厚爱，做好准备弃主管而去，反而得到了主管的信任。在现实生活中，大部分的人都只是看到了“得”，而没有看到“失”，这个“失”就是“委”“枉”“洼”“敝”“少”。真正懂了这个道理，不与人争的时候，该是你的反而会更顺利地到来。

23 天地尚不能久，而况于人乎

‖原文‖

希言[1]自然。

故飘风不终朝，骤雨不终日。孰为此者？天地。天地尚不能久，而况于人乎？

故从事于道者，道者同于道，德者同于德，失[2]者同于失。同于道者，道亦乐得之；同于德者，德亦乐得之；同于失者，失亦乐得之。

信不足，焉有不信焉。

‖释读‖

少发号施令是符合自然规律的。

狂风不会刮一上午不停，骤雨不会下一天不止。谁主导它们呢？天和地。天地都不能让狂风骤雨长久不停，又何况是人呢？

所以按道行事的人会符合大道。按德处事的人会增加美德。而按无道无德为人处世，则会无道无德。同于道的人，道也乐意和他在一起；同于德的人，德也乐意和他在一起；同于无道无德的人，无道无德的恶魔就乐意和他在一起。

一个人诚信不足，就会有人不信任他。

注释

① 希言：稀言，少说话。

② 失：失去、错失。这里也指无道无德。

‖智慧启示‖

在老子的眼中，人、社会、自然都是相通的，都与大道相连。所以老子的智慧，大可用到国家——治天下，小可用到个人——修身，中可用到家庭——齐家，当然也可以用到企业、学校、社区等各个社会组织。

这一章，老子开门见山，教诲人们少发号施令，让万物自然成长，这才符合大道的规律。发号施令有什么用呢？天和地够厉害了吧，刮大风，下大雨，宏伟的建筑都坚持不了多久，何况人呢？风和雨，老子在这里暗示的是高压暴政，不会坚持多久。最好的办法是与道同行。亲道、亲德，自然会得到道的引领。而失去道和德的人，一定会被大道抛弃。

说话言而有信，这就是道。如果说话、表态、发号施令太多，一是容易违背大道，二是容易言多必失，出现失信之言。这样就会让人们对其失去信任。当信任不存在的时候，统治也就失去了根基。

24 企者不立，跨者不行

‖原文‖

企[①]者不立，跨者不行，自见者不明，自是者不彰，自伐[②]者无功，自矜者不长。

其在道也，曰余食赘行[③]。物或恶之，故有道者不处。

‖释读‖

踮着脚尖的人站不稳，跨着大步的人走不快。爱自我表现的人往往不能明察是非，爱自以为是的人往往不能彰显公平，爱自我炫耀的人往往不容易走向成功，爱骄傲自大的人往往不容易取得新的成绩。

这些表现从道的角度来看，就像吃了过量的食物而长出的赘肉一样。万事万物都讨厌这样的行为，所以得道的圣人都不会这样去做。

‖智慧启示‖

如果单纯量自己的身高，踮起脚尖，可以高出几厘米，哄哄女朋友开心。但是长时间地踮着脚尖，那是站不稳的，只有用两只脚掌踏在地上，才能立得正、站得稳。而投机取巧如踮脚尖而行，一不小心就会摔倒。这就告诉我们，在竞争激烈的社会，一定不能好高骛远，而要脚踏实地。

老子在这里，把类似的现象一一列举：自我表现、自以为是、自我炫耀、自尊自大。这样的行为，其效果就像踮着脚尖站立，当时看着高了一点，但是不可长久，多此一举，就像吃了过量的食物一样，长出的不是健

‖注释‖

① 企：踮着脚。

② 伐：自夸

③ 赘行：行，古同形，赘形，形体上多余的东西。

康，而是赘肉。

为人处世，就要踏踏实实，一步一个脚印，不可冒进，也不可“自见、自是、自伐、自矜”，方能符合大道的规律。

25 人法地，地法天，天法道，道法自然

‖原文‖

有物混成，先天地生，寂兮寥兮，独立不改，周行而不殆，可以为天下母。吾不知其名，字之曰道，强为之名[①]曰大。大曰逝[②]，逝曰远[③]，远曰反。

故道大，天大，地大，王亦大。域中有四大，而王居其一焉。

人法地，地法天，天法道，道法自然[④]。

‖释读‖

有一种东西混然天成，它先于天地而生。人们听不见它的声音，看不到它的形状，它独自存在而永不改变，循环运行而永不停止，可以看作是天地万物产生的根源。我不知道它叫什么名字，勉强用一个字称呼叫作“道”，勉强去描述它叫作“大”。大到永远运行不到边，运行不到边就是无边无界，从无边无界中又返回到原点。

所以道大，天大，地大，人亦大。茫茫宇宙中有四大，而人是其中之一大。

人效法地，地效法天，天效法道，道效法自然。

‖注释‖

① 名：说，描述。

② 逝：往，行，不停息地运行。

③ 远：远方，无边无际。

④ 自然：自己本来的样子，自然而然，不是有意为之。

‖智慧启示‖

从这一章中可以看出，老子很看重人本身的存在。他认为宇宙之中有四样东西可以称为大：一为道，二为天，三为地，四为人。人是其中之一。道无边无界，天和地无边无界，人的灵性也是无边无界的。

但是，在“四大”之中，人排在最后。人要效法地，地要效法天，天要效法道，道要效法自然。人的最高境界，也是要效法自然。

什么是自然？自然是本来的样子，是原来如此，而不是化妆出来的、表演出来的，在老子这里叫返璞归真。而当代人之所以烦恼多，就是不真实、不朴素，活在虚拟的名声中，活在表演的世界中，为名所累，为物所困。人要做到效法自然，回归自己的纯真，以善良洁净的心去面对世界，方成大道。

26 重为轻根，静为躁君

‖原文‖

重[1]为轻[2]根，静为躁君，是以圣人终日[3]行不离辎重[4]。虽有荣观，燕处超然，奈何万乘之主，而以身轻天下？

轻则失本，躁则失君[5]。

‖释读‖

稳重才能避免轻浮，宁静才能避免躁动。

所以圣人外出超过一天，都会把后勤保障的车辆备好（稳重），虽然在家才有豪华的居所，但出门在外仍可舒适安然地居住。为什么那些万乘之国的君主，反而以自身的轻率、轻浮来对待天下呢？

轻率、轻浮就会失去统治的根基，躁动、妄动就会失去君主的地位。

‖智慧启示‖

老子崇尚稳重、安静。他认为只有稳重、安静，才能长生、长存。比如大山，比如大地，比如苍天，因其稳重而不骤变，所以能够永存。而狂风、暴雨、雷电、虽来势凶猛，但不持重，所以只能是一时而已，不过午、不终日、不可长久。

老子将自然中的规律用于人事，指出，在社会治理和为人处事上，也是一样的道理。稳重而沉静的治理方式，利于国家和民众；稳重而宁静的为人处世，利于个人和家庭。

‖注释‖

① 重：慎重，持重，庄重。

② 轻：轻率，轻浮。

③ 终日：一整天

④ 辎重：古代运军粮的车辆，这里比喻后勤保障。

⑤ 君：君位。

当遇到重大和不顺之事时，万万不可马上作出决定，而要心中默念，宁静、宁静、宁静。也许在默念十个宁静之后，你会发现，原来处理这些问题，并没有当初想象的那么困难。

因此，做任何事，都要有备无患。在任何条件下，都要沉稳冷静，从容不迫。切忌心浮气躁，慌乱无主，使简单问题变得复杂。让稳重作为人生的根基，让宁静作为人生的法则，大可治好国家、公司，小可幸福家庭、个人。

27 常善救人，故无弃人

‖原文‖

善行无辙迹[①]，善言无瑕谪[②]，善数不用筹策[③]；善闭无关楗[④]而不可开，善结无绳约而不可解。

是以圣人常善救人，故无弃人；常善救物，故无弃物，是谓袭明。

故善人者，不善人之师；不善人者，善人之资。不贵其师，不爱其资，虽智大迷，是谓要妙。

‖释读‖

擅长做事的人做事不会有后遗症。擅长讲话的人说话不会有漏洞。擅长计算的人不用借助计算工具。擅长关门的人不用手插门闩就可关得很严，别人打不开。擅长捆绑的人不用绳索就可捆得很结实，别人解不脱。

所以圣人常善于帮助人提升能力，因此没有无可用之人，常善于帮助物寻找用处，因此没有无可用之物。这是承袭了大道的英明智慧。

所以，有能力的人，是没有能力的人的老师；没有能力的人出现的过失，是有能力的人借鉴的教训。不去尊重老师，不去借鉴教训，这样的人看似聪明，其实是愚蠢、笨蛋。这是我说的玄妙道理的重要之处。

注释

① 辙迹：车轮的痕迹。比喻为遗留下的问题。

② 瑕谪（zhé）：过失，比喻讲话有漏洞。

③ 筹策：古代计算用的辅助工具。

④ 关楗：古代的门闩。

‖智慧启示‖

有些人能干事、能成事，但干事之后，留下一大堆遗留问题，让后人要用加倍的精力去弥补。这样的人不是“善人”，是“不善之人”，他给人的不是经验，而是教训。比如有的地方大力发展乡镇企业，忽视了环保和生态，结果对环境造成污染，把企业从开业到现在挣的钱加到一块儿，也不够恢复生态环境的费用。而真正有能力的人，他能干事、能成事，而又不留“辙迹”。同时他善于识人识物，能做到“用人所长，天下无无用之人，用物所长，天下无无用之物”。大道创造了万物，万物一定有它的长处。可悲的是，很多人只看到了短处而没看到长处。而圣人的过人之处，是看到了人和物的长处，避免了人和物的短处。

我们要向得道之人学习他们的经验，要向失败之人借鉴他们的教训，两者结合，就是道的智慧。

我们现在用的词汇“师资”，就出于此处。看来为人师表，不仅要教人正确的道理，也要让人明晰错误的教训。

28 知其白，守其黑

‖原文‖

知其雄，守其雌，为天下谿。为天下谿，常德[1]不离，复归于婴儿。

知其白，守其黑，为天下式。为天下式，常德不忒[2]，复归于无极。

知其荣，守其辱，为天下谷。为天下谷，常德乃足，复归于朴[3]。

朴散则为器[4]，圣人用之则为官长。故大制不割。

‖释读‖

我知道雄壮是威武的，但我甘愿表现出来柔弱，甘为低凹处的小溪。能为低凹处的小溪，大道就不会离去，我就会像婴儿般纯真。

我知道明白事理是智慧的，但我甘愿表现出来昏暗无知，甘为天下的范例。能以此为天下的范例，大道就不会出差错，我就会回归于大道的原始混沌状态。

我知道荣耀是高贵的，但我甘愿表现出来卑下，甘心像山谷一样虚空，大道就会充斥其间，我就会复归于纯朴的境界。

自然生长的原木分割开，可以做成不同的机巧器物。得道的人善于将纯朴和机巧结合，成为了百姓的首领。所以，高明的统治是不会把质朴与智巧分割开的。

‖注释‖

① 常德：一般的规律，大道。

② 忒（tè）：差错。

③ 朴：指原始的树木，表示纯朴。

④ 器：器物，比喻机巧。

‖智慧启示‖

在这里，老子讲的是人生哲学。什么样的人生才能走向完美？在世俗人的眼里，刚强、明智、荣耀无疑是人生的亮点，但老子不这么认为，他认为：太过刚强容易折断，太过明智容易奸猾，太过荣耀容易骄横。所以他要“守其雌，守其黑，守其辱”，这样可以避免灾祸引身，进可攻，退可守，使人生活得更有意义。

很多人认为老子的人生哲学是消极的，其实不然，老子的哲学处处充满着积极的人生态度。只不过这种积极是顺应大道而非与大道作对的莽撞的行为，它是表面看无为，深层次却在追求着大的作为。

守其雌、黑、辱，这三者代表了柔弱、愚昧、卑下，恰好是老子守静、处下、不争、甘后、若愚人生哲学的写照。看似婴儿一样弱小，恰恰是婴儿蕴藏着最大的生命力，看似混沌初开一样昏暗，恰恰是混沌中产生着光明；看似百姓一样谦卑，恰恰是百姓中暗含着社会发展的动力。老子的人生哲学，不仅让你走向成功，同时让你保全自身，得以颐养天年。

29 为者败之，执者失之

‖原文‖

将欲取天下而为之，吾见其不得已。天下神器，不可为也，不可执也。为者败之，执者失之。是以圣人无为，故无败；无执，故无失。

故物或行或随，或歔[①]或吹，或强或羸[②]，或挫或隳[③]。是以圣人去甚[④]，去奢[⑤]，去泰[⑥]。

‖释读‖

打算得到天下后用强力去治理它，我看它得不到好的效果。天下万物都是神圣的，不能强行治理，不能任性支配。强行治理就会失败，任意支配就会失去。所以圣人顺其自然不刻意治理，因此不会失败，不执著己见任意支配，因此不会失去。

天下万物是多样的，有的行在前，有的行在后，有的性子缓，有的性子急，有的刚强，有的懦弱，有的安居乐业，有的身处危险。

所以圣人（治理国家）会避免极端的、过分的、傲慢的态度和方法。

‖智慧启示‖

去掉极端的、过分的、傲慢的方法，用什么方法呢？老子在这里虽然没说明，但在这一章的论述里已告诉我们，万物都有神性，个体差异巨

注释

① 歔（xū）：轻轻哈气。
② 羸（léi）：瘦弱。
③ 隳（huī）：毁坏，崩毁，危险。
④ 甚：极端。
⑤ 奢：过分。
⑥ 泰：骄慢，傲慢。

大，不能简单地强行治理，而要顺其自然，按照万物各自的特点，顺势而为，方可符合大道。

治理国家如此，治理单位、家庭、个人也是如此，都是相通的。

有个小朋友刚上小学，爱动爱玩，算术总是丢三落四，几次都不及格。老师大怒，认为给班级丢了人，把家长叫来，让学生站在桌旁，怒气冲冲地批评：你是怎么搞的，这么简单的算术题也会答错，太笨了吧。这样下去你把全班的人都丢尽了，再不好好学就把你开除出这个班了。回到家，家长又把孩子训了一顿。事与愿违，本想用这种暴风骤雨的方式让小孩提高算术水平，谁知恰恰相反，小孩子对算术老师产生了反感，变得对算术也厌恶起来了。还好，这个时候正好换了一个算术老师，她知道了这个学生的情况，没有刻意批评，而是循循善诱，捕捉他在算术上的每一点小小的进步。孩子信心大增，算术水平越来越好。这位老师在教学上就是行“去甚、去奢、去泰”的圣人之道吧。

30 物壮则老，是谓不道

‖原文‖

以道佐人主者，不以兵强天下，其事好还[①]。师之所处，荆棘生焉。大军之后，必有凶年。

善有果[②]而已，不敢以取强。果而勿矜，果而勿伐，果而勿骄，果而不得已，果而勿强。

物壮则老，是谓不道，不道早已[③]。

‖释读‖

以大道辅佐君主的人，不靠武力逞强于天下。靠武力容易受到报复。军队所到过的地方，杂草丛生，田地荒芜。一场大的战争过后，必然会有灾荒之年。

善于用兵的人达到战争胜利的目的就行，不敢以兵力强大而逞强好胜。胜利了而不自大，胜利了而不自夸，胜利了而不自傲，取得这样的胜利也是不得已而为之，达到了战争的目的就不去逞强了。

事物过于追求强壮就会走向衰落。因为它不合乎大道，不合乎大道的就会很快消亡。

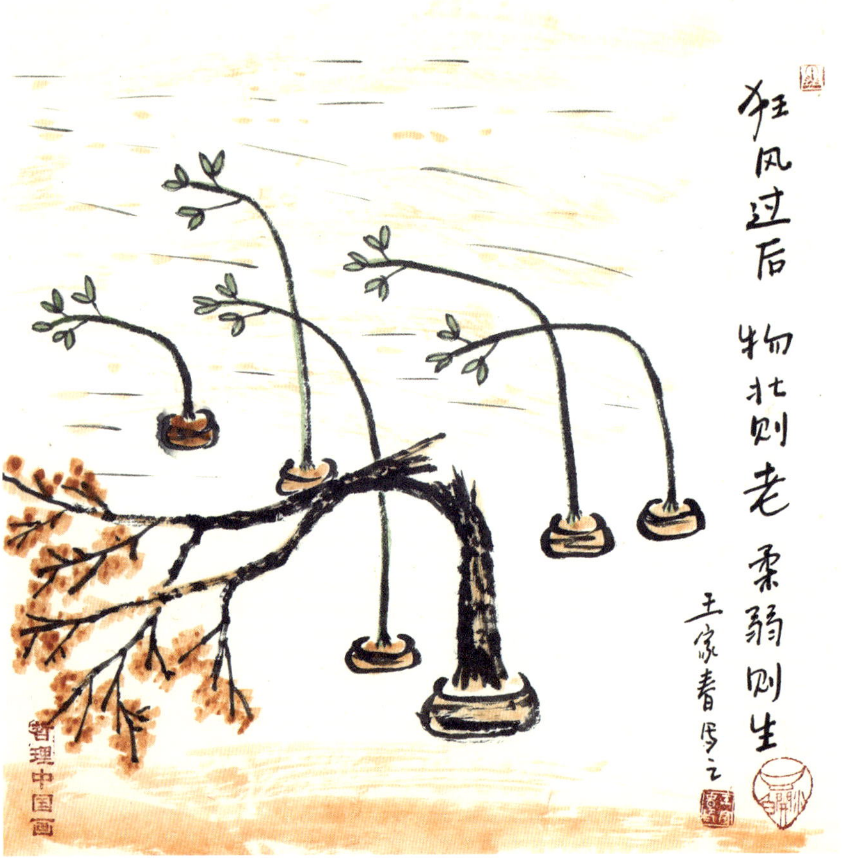

‖注释‖

① 好还：好，容易；还，回过来。比喻容易引起报复。
② 果：结果，指达到胜利的目的。
③ 已：已经，结束。比喻消亡、消失。

‖智慧启示‖

人世间总有些事，不是你愿意不愿意做，而是你必须做，别无选择，比如战争。老子是不主张战争的，他知道战争过后，一定是田地荒芜、人民流离失所。但是有国家，自然会发生战争，所以老子并不反对战争，他主张的战争是适可而止，达到战争的目的就行，不能以胜而骄，进而靠兵力强大而逞能，这样的结果，只能是“物壮则老”，早早地走向衰落。

从哲学上讲，老子这一章论述的是“度”的问题。万事万物都有个度，不及则亏，过之则衰，恰到好处最好。战争的恰到好处就是胜而不自大、不自夸、不自傲，要认识到本不想发动战争，是不得已而为之，达到目的，就赶紧收手，而不是穷兵黩武、野蛮扩张，否则，就会早早走向衰亡。

为人处事，总会有一些人生追求，当追求的目标与他人形成竞争时，就要不急不躁、适可而止、见好就收。要用来提升自己内在的素质，而不是以低素质去强行战胜对手。

在市场拓展上常见这样的例子。一心用低价想把竞争对手打败的，最后自己也走向了失败。倒不如提升产品的内在质量，自然而然靠质量占领市场。

31 吉事尚左，凶事尚右

‖原文‖

夫佳兵者，不祥之器。物或恶之，故有道者不处。

君子居则贵左，用兵则贵右。兵者，不祥之器，非君子之器，不得已而用之，恬淡为上，胜而不美。而美之者，是乐杀人。夫乐杀人者，则不可得志于天下矣。

吉事尚左，凶事[1]尚右。偏将军居左，上将军居右[2]，言以丧礼处之。杀人之众，以哀悲泣之。战胜，以丧礼处之。

‖释读‖

那些刀枪兵器呀，是不吉祥的东西，人们都厌恶它，所以得道的人不愿与其相处。

君子平时起居以左为贵，用兵的时候则以右为贵。刀枪兵器是不吉祥之物，不是君子使用的器物。不得已的时候使用它，适可而止为上。胜利了也不要大加赞美，赞美战争的人，是乐于杀人者，而乐于杀人者，是不能够取信、得志于天下的。

吉庆的事以左为上，丧乱的事以右为上。作战时，偏将军居左，上将军反而居右，说明打仗是以丧事的礼仪来对待的。杀人那么多，要以悲哀的心情对待它，打了胜仗，也要以丧事的仪式去处理。

注释

① 凶事：指丧乱之事。

② 上将军居右：上将军为正，偏将军为副。把正放在右，说明古人把战争当成丧事看待。

‖智慧启示‖

对国家来说，战争是带来灾难的东西，所以“有道”的君王一般不去发动战争，迫不得已的时候，使用战争的手段，也是达到目的就可，适可而止，而且不会因战争的胜利而沾沾自喜，洋洋得意。

人在社会中，免不了会遇到这样那样的对手。针对对手的挑衅如何处理？按老子的观点，最好的办法是用和谐的方式进行化解，即使自己受点损失，也比发动两个人之间的“战争”好。但是，如果对方蛮不讲理、胡搅蛮缠，这个时候也不能手软，属于迫不得已，就要利用智慧和手段，将对方打败，给他一个血的教训。如果对方认输，则要适可而止，不可逼人太急。胜利了，也不值得庆贺，反而要思考：问题出在哪儿、如何在将来的人生道路上尽量避免遇到这样的小人和敌人。

32 知止可以不殆

原文

道常无名，朴虽小[1]，天下莫能臣也。侯王若能守之，万物将自宾。

天地相合以降甘露，民莫之令而自均。

始制[2]有名，名亦既有，夫亦将知止。知止可以不殆。

譬[3]道之在天下，犹川谷之于江海。

释读

“道”没有一个恒定的名称，它质朴纯厚。虽然看不见摸不着，似幽深微小，但是普天之下没有谁能支配它。君王若能坚守住“道”，天下万物将会主动归顺于他。

天地之间，阴阳二气相合，就会降下雨露。人们没有命令它，它自己自然而然地均匀分布着。

天下开始治理，就会有各种制度和管理部门，有了管理部门，就要界定它的职责权限，不该管的不管，就可以避免危险。

“大道”在治理天下中的应用，就应该像小河小溪归纳于江海一样自然。

‖注释‖

① 小：不是通常意义大小的小，而是指道看不见摸不着的状态，所以称小。
② 制：制度，规定。
③ 譬：打比方，譬如。

‖智慧启示‖

老子讲无为，并不是不为。就像一个国家，它产生的时候，就会建立一种管理体制，成立相关管理部门，制定各种相关制度。如果这些都没有，那就失去了国家的意义，成了无序的原始社会。但是，这些管理，应越少越好，不能管得太多太细，应该学会“知止”，知道管理的界限是什么、什么是该管的、什么是不该管的、什么是应该紧紧握在手中的、什么是应该放手任其自由生长的。懂得了“止”，就会少了人为的干预，万事万物按照大道自然地生长、成长，管理就不会犯什么大的错误。

很多时候，从国家到企业，从家庭到子女，出问题的时候，不是管得少了，而是管得太多了。

33 知人者智，自知者明

‖原文‖

知人者智[①]，自知者明[②]；胜人者有力，自胜者强。知足者富，强行者有志。

不失其所[③]者久，死而不亡[④]者寿。

‖释读‖

能够了解和识别他人是一种聪明，能够真正了解和识别自己是比聪明更高的智慧。能够战胜他人说明有力量，能够战胜自己说明力量更加强大。能够知足的人常常富有，不怕困难、坚持行动的人是有志向的人。

行为不失“道”的原则的人，可以平安长久。逝世后能被人永远记住的人，才算真正的长寿。

‖智慧启示‖

古希腊哲学家苏格拉底有句名言：认识你自己。老子也说：自知者明。两个伟大的思想家，几乎在同一个时代，闪耀出了同样的光辉，确是人类的奇迹。

老子生于公元前571年，苏格拉底生于公元前469年。老子出生早于苏格拉底102年。

人们往往看到的都是向外的延展来显示人的伟大，比如能了解他人、能战胜他人、能占有更多的财富、能克服更多的困难。不可怀疑，这是人

注释

① 智：聪明，智巧。

② 明：万事明了，是一种智慧。

③ 所：代词，表示大道。

④ 亡：古同“无”，引申为忘记。

的聪明所在，也是人在诸多动物中能成为高级动物的原因所在。靠着这样的能力，国家可以暂时地强大，社会可以暂时地和谐，个人可以暂时地发展。但这些在老子的眼中，都不是最好的，最好的是符合大道，向自己内心、内身去追求，能够认识自己、战胜自己、内心知足。时时刻刻不忘“道”的人，才会一生平安长久，也才会被人怀念，永远活在后人的心中，这就是最大的长寿。

世界上最难的只有两件事：一是认识自己，二是战胜自己。真正认识自己了，就会不贪不骄、大智若愚。真正战胜自己了，就会精进奋发，不断完善自我。

举一个很通俗的例子，那些晚上离不开网、早上离不开床的青年人，不就是典型的战胜不了自己的例子吗？这样的人，是自己打败自己的，其结果只能是浪费人生。

34 不自为大，故能成其大

‖原文‖

大道氾兮，其可左右。万物恃[1]之而生而不辞，功成不名有，衣养[2]万物而不为主。常无欲，可名于小；万物归焉而不为主，可名为大。以其终不自为大，故能成其大。

‖释读‖

“大道”博大深远，无所不在。万物依赖它而生长，它一点也不推辞；万物生长取得了成就，它也不去占有功名。它庇护、养育着万物而不去主宰它们，没有主宰万物的欲望，我们可以称其为“小”。万物主动归附于它，而它不去主宰，我们又可以称其为“大”。

因为“道”始终不自以为大，反而成就了它的伟大。

‖智慧启示‖

道广泛地存在于宇宙的任何时间任何地点，它上下左右无处不在，它天马行空无时不有。正是由于道的存在和庇护，万物才可以自由地生长，各显其能，各显其美。所有的这一切，都是道的功劳，但道不居功，不自傲，不主宰，不为大。

将其用于人生，如果能怀着一颗平常心，助人而不居功，精进而不自傲，引领而不主宰，服务而不自大，不求回报，不争名利，其结果，一定是受到大多数人的肯定和赞誉、支持和拥护，不求名利，反而得到了更多的名利。而那些为贪求名利、不惜诬人、害人的人，终不会有什么好的结果！

‖注释‖

① 恃：依靠，依赖。

② 衣养：衣，指包在物体外面的东西。衣养，比喻庇护养育。

35 执大象，天下往

原文

执大象[1]，天下往；往而不害，安平太。

乐与饵[2]，过客止。道之出口，淡乎其无味，视之不足见，听之不足闻，用之不足既[3]。

释读

掌握了治理天下的“大道”，天下的人就会前往归顺。归顺到这里，顺从自然，互不相害，享受安宁、平安、康泰的生活。

美妙的音乐和香美的食物，可以吸引过往的行人停下。但是“道”却不同，它表述出来平平淡淡，看它不能够看见，听它不能够听见，而用它，却永远也用不完。

智慧启示

谁能把握了大道，谁就能得到天下。

大道是什么呢？它只是平平淡淡、顺乎自然而已。虽然它看起来很朴素，不像宝石一样珍贵，但是它用起来是不尽的宝藏，永远用之不竭，谁要掌握了它，于天下，是太平盛世，于自己，是终身受益。

在这里，老子进行了一个有趣的比喻，他以那些美妙的音乐和香甜的美食为例，说明只有朴实无华的大道，虽然无音乐之妙音的吸引、无美食之香味的诱惑，但其效果，则是国泰民安、和睦幸福。

这个大道，就是因势利导、道法自然。

‖注释‖

① 大象：无形之象，无边无际，这就是“道”。
② 饵：美食。
③ 不足既：既，已结，完成，例如既定。不足既引申为不能够使用完。

36 柔弱胜刚强

‖原文‖

将欲歙[1]之，必固[2]张[3]之；将欲弱之，必固强[4]之；将欲废之，必固兴[5]之；将欲夺之，必固与之，是谓微明[6]。

柔弱胜刚强。鱼不可脱于渊，国之利器不可以示人。

‖释读‖

想让一个人收敛，必须暂且让他张狂；想让一个人虚弱，必须暂且让他逞强；想让一个人废掉，必须暂且让他自傲；想让一个人归顺，必须暂且让他得利。这个道理虽然微小，但效果明显。

柔弱可以胜过刚强。鱼儿不能离开深水，国之利器不可以随便示人。

‖智慧启示‖

老子讲柔弱胜过刚强，讲的是智慧层面的大道，而不是具体的生活中的常识。在现实生活中，你让一个柔弱的人去和刚强的人打上一架，百分之百柔弱的人会被打翻在地，所以，柔弱胜过刚强，并不是硬碰硬地相对垒，而是智慧地去化解。

比如越王勾践，国破家亡，甘愿示弱，自愿做吴王的小臣，让妻子做吴王的女仆。吴王没有了戒心，三年后放回了勾践，勾践卧薪尝胆、励精图治，最后东山再起，灭吴称霸。正是示弱、示柔、示下，对吴王抬举、吹捧，让吴王自我感觉良好，使吴王心性张狂、逞强好胜、自负自满，最

‖注释‖

① 歙（xī）：收敛，吸进。

② 固：副词，必然，一定，这里当“姑”讲，指姑且、暂且。

③ 张：夸大，张狂。

④ 强：固执，逞强。

⑤ 兴：抬举，吹捧，使人自满。

⑥ 微明：微小而又显明。

后走向了灭亡。这正是老子讲的柔弱最后战胜了刚强的智慧。

鱼儿离开了深渊，就会有被抓的危险。国之利器，示于国内，会使人民恐惧反抗，示于国外，会使邻国加倍提防甚至引祸伤己。所以，深藏不露，不逞强好胜，不妄自尊大，这是人生的一大智慧。

智慧的东西不局限于一时一事，而可推而广之。

37 无为，而无不为

‖原文‖

道常无为，而无不为①，侯王若能守之，万物②将自化③。化而欲作，吾将镇之以无名之朴④。无名之朴，夫亦将无欲。不欲以静，天下将自定。

‖释读‖

大道常常不刻意作为而又无所不为。掌权者若能坚守这个大道，天下万物及天下百姓将会自我发展、自我生长。天下百姓自生自长而萌生贪欲时，就要用朴实的大道来教育他，这样就不会再有贪欲存在了。没有了贪欲，人心复归于平静，天下将自然复归于安定。

‖智慧启示‖

大道无为，并不是无所作为，而是不去违背自然规律而刻意作为。相反，它为万事万物提供自我发展的最佳平台，让万物能依靠自己的本性，自由而欢快地成长，形成一个欣欣向荣的世界，从这个意义上讲，大道又无所不为。

比如有些家长，孩子的兴趣在画画上，非逼着孩子练钢琴，因为钢琴可以考级，结果虽然也会出点成绩，但考级过后，有些孩子再也不想摸钢琴了。这样的家长就违背了大道，没有顺其自然，结果害了自己的孩子。

所以，智慧之人，绝不违背自然规律行事，而是顺其自然，激发事物内在的动力，从而达到有所作为的目的。

‖注释‖

① 无为：顺其自然，不违背规律胡乱作为。

② 万物：这里包括百姓。

③ 自化：化，变化。自化比喻自我生长、自然发展。

④ 无名之朴：无名，指道。朴，朴实，淳朴。

下篇　德经

38 上德不德，是以有德

‖原文‖

上德不德，是以有德；下德不失德[①]，是以无德。上德无为而无以为[②]，下德为之而有以为。上仁为之而无以为，上义为之而有以为，上礼为之而莫之应，则攘臂而扔之。

故失道而后德，失德而后仁，失仁而后义，失义而后礼。夫礼者，忠信之薄而乱之首。

前识者，道之华而愚之始。是以大丈夫处其厚，不居其薄；处其实，不居其华。故去彼取此。

‖释读‖

德高之人从不主动展示自己如何有德，所以才是大德。德性不高之人总是固守形式上的德，所以并不是名副其实的德。德高的人总是顺其自然而为，不去有心刻意作为。德性不高的人总是刻意而为，并主动展现自己的作为。崇尚仁爱的人有所作为，而不主动表现自己。崇尚义气的人有所作为，总是乐于展示自己的作为。崇尚礼节的人有所作为，但跟随者少，就会高扬胳臂强制他人服从。

所以守不住道而后有德，守不住德而后有仁，守不住仁而后有义，守不住义而后有礼。所以礼节的产生，是忠信不足的表现，也是社会出现混乱的开端。

注释

① 不失德：这里指固守形式上的德。

② 以为：作为，表面出来的作为形式。

注重前面礼制的人自认为有高见，其实是对“道”的虚华、浮华的态度，这是一种愚蠢的开始。所以，大丈夫处事像“道”一样淳厚，不拘礼节和轻薄的外在浮华，像道一样朴实，不居礼数的缛节虚华，因此要舍弃浮华虚华，坚守敦厚朴实。

‖智慧启示‖

《道德经》分两部分，第一部分是“道经”，第二部分是“德经”。这一章是“德经”的首篇。道经是讲天道，是针对天下万物而言。具体到人类社会，道的表现形式就是德，是符合道之要义的行为法则。人要按照这样的行为处事，就会与大道相通，人生少走弯路、平安幸福，并能不刻意而为反而有大的作为。

在这一章，老子将人的行为分为四个层次，“德”离“道”最近，然后是“仁”，而后是“义”，再后是“礼”。

一个社会，靠“礼”来约束的时候，这个社会已经离祸乱不远了。

在这里，德离道最近，它寻求一种无为而无不为的境界，仁离道也比较近，出于仁爱之心而自发的作为，并没有自我表现的动机。而义和礼，就是一种有主观目的的行为。讲义是互相的，所谓义气，就是你对我好，我也要对你好。而礼，其实就是各种各样的规矩，比义更低一层，大家都遵守最好，但往往权力大的人不遵守，让底下的小小老百姓遵守，所以“礼教”崇尚的社会，往往容易出现动乱和反抗。

有管理学家说，一个需要监督打卡上班的组织，是没有生命力的，成员发自内心而努力工作的组织，这样的组织就达到了接近于“德”的境界。教育孩子也是一样，总是制定各种规范严管严守，往往适得其反，而那些学习很好的孩子，都是有内在的学习动力，并不是靠外在的“礼制约束”而学。所以教育孩子，调动兴趣往往是第一位的。

做人就当如此，敦厚老实，遵循内心自然地流露，而不去羡慕外在荣华的诱惑。

39 贵以贱为本

原文

昔之得一[1]者，天得一以清，地得一以宁，神得一以灵，谷得一以盈，万物得一以生，侯王得一以为天下贞。其致之。

天无以清将恐裂，地无以宁将恐发；神无以灵将恐歇，谷[2]无以盈将恐竭，万物无以生将恐灭，侯王无以贵高将恐蹶。

故贵以贱[3]为本，高以下为基。是以侯王自谓孤寡不谷。此非以贱为本邪？非乎？故致数舆无舆。不欲琭琭如玉、珞珞如石。

释读

过去得“道”的情况是什么呢？天得道而清，地得道而宁，神得道而灵，河谷得道而充盈，万物得道而生，侯王得道而为天下太平。

那么推而言之，假如说天不能够清，恐怕会崩裂；地不能够宁，恐怕会荒废；神不能够灵，恐怕会消失；河谷不能够充盈，恐怕会枯竭；万物不能够生长，恐怕会灭绝；侯王不能够使天下太平，恐怕会覆灭。

因此富贵的人要把贫民百姓的发展放在重要的地位，因为高贵是建立在低下的基础上的，没有了低也就没有了高。所以侯王自谦为孤

‖注释‖

① 一：道生一，一代表了道。

② 谷：河谷。

③ 贱：与贵相对，指贫民百姓。常用来自谦，也用来骂人。

家、寡人，需要百姓拥戴和扶持，不正是体现了以百姓为基础吗？是不是这样呢？因此完美无瑕的赞美名誉反而容易失去名誉，所以不要做受人赞美的华丽宝石，要做一个朴实无华的坚硬基石。

‖智慧启示‖

老子在这一章前半部分用大篇幅讲“道”，无非说明得道者吉、失道者凶。其目的是为了告诫人们，高贵是建立在百姓的归顺之上的，所以高贵的人不能忘了百姓，贵要以贱为本，这样才符合大道的规律。

君王治国就是这样的道理，大小领导都应从中吸取智慧，莫忘高是建立在低的基础上的，始终不能忘记普通的百姓。那些高高在上、不把普通百姓放在眼里的领导，最终都不会有好的结果。

40 有生于无

‖原文‖

反[1]者，道之动；弱者[2]，道之用。天下万物生于有[3]，有生于无[4]。

‖释读‖

事物发展的循环反复是“道”有规律的运动，循环初生状态时，虽然柔弱，但却包含了“道”的强大生命力。

天下万物产生于混沌初开时万物的萌芽状态，而这些萌芽状态，产生于看不见、摸不着的道。

‖智慧启示‖

任何事物的发展都逃不脱“道”的运行规律，循环往复，以至无穷。智慧和愚蠢的区别，不在于谁能逃避这个规律，因为这个规律谁也逃避不了，而在于谁能把握这个规律。

比如人之生死，有生就有死，智慧的人逃不掉死，但他会使“生”的时间长、质量高、幸福指数多。而那些不爱惜自己、为功名所累所役、为享乐所损所害的人，则缩短了“生”的时长，早早就完成了循环。再比如有好就有坏，智慧的人处于“好”的阶段时，不求全好，不求极好。他知道物极必反，所以只是追求恰到好处，名声太好了，主动引一些污名归己，甚至隐身而退，重新开始。比如范蠡智以保身、商以致富，数次隐身，功成寿满。而清朝名将年羹尧，居功自傲，落了个家破人亡。

‖注释‖

① 反：另外一方面，意指循环反复。

② 弱者：指事物的初生状态，表现为柔弱，但生命力旺盛。

③ 有：指道生出万物的萌芽状态，如混沌初开。

④ 无：指虚空的大道。

41 大音希声，大象无形

‖原文‖

上士闻道，勤而行之；中士闻道，若存若亡；下士闻道，大笑之，不笑不足以为道。故建言有之：

明道若昧，进道若退，夷道若纇[①]，上德若谷，大白若辱，广德若不足，建德若偷，质真若渝。大方无隅，大器晚成，大音希声，大象无形。

道隐无名，夫唯道善贷[②]且成。

‖释读‖

智慧的人听了“道”，会勤勉地践行。普通的人听了“道”，会半信半疑。愚蠢的人听了“道”，只是哈哈一笑。如果不被愚蠢的人嘲笑，那就不足以称为“道”。所以关于道有这样一些警句：

前途光明的道路一开始总是昏暗阴沉。越懂“道”，越感到自己不足，就像在后退。没有危险的道路往往感觉崎岖不平。有高尚品德的人往往虚怀若谷。德性宽广的人总是向他人学习，时时表现出自己的不足。懂道之人提升自己的道德，总是悄悄践行不大张旗鼓。返璞归真之人纯朴的就如混浊不清。清白高洁的人故意表现出自身也有不少污点。真正有棱有角、端庄正直的人，就像无穷大的方型，永远摸不到棱角。最精妙的器物，往往要费更多的时间完成。最美妙的声音，往往不是高调的喧嚣。最高大的形象，往往没有一个具体的

‖注释‖

① 纇（lèi）：丝上的疙瘩，比喻不平坦，坎坷曲折。

② 贷：给予。

外形。

大“道”隐身在万事万物中，不追求自己的名声，只有这个“道”呀，善于滋养万物并使它们各自有成。

‖智慧启示‖

道，既高高在上，滋养天下万物，又很接地气，指导我们日常的人生。

我们平常人的触角，感觉到的都是当下；我们平常人的眼睛，看到的都是眼前。而大道之行，高于我们的感知，是另一个层面的智慧。

在道的层面，看似光明耀眼、平坦宽广的大道，往往存在着危险、埋伏着陷阱。而那些崎岖不平、暗昧无光的道路，经过努力，反而真正会走上光明和坦途。也进一步告诫我们，经过努力和奋斗，才能真正达到成功的彼岸。

在这样一个规律指导下，老子列举了人生中互相对立又最终统一的矛盾共生体，展示了大道的妙用。比如越是水平高的人越自谦，反而表现自己不足，而那些水平一般的人往往自傲，处处表现自己很行，所谓满瓶不响半瓶晃荡就是指此。坚持己见、堂堂整整的人容易有棱角、得罪人，但老子说，真正高层次的正派之人，虽然如方型一样方正，但大方无边，你感觉不到他的棱角，感觉到的是另一个层次的随和。

大音希声，大象无形，也暗藏了这样的智慧。

42 道生一，一生二，二生三，三生万物

‖原文‖

道生一，一生二，二生三，三生万物。万物负阴而抱阳，冲①气以为和。

人之所恶，唯孤寡不谷，而王公以为称。故物，或损之而益，或益之而损。

人之所教，我亦教之。强梁②者不得其死，吾将以为教父。

‖释读‖

道生出一个混沌未开的原始太极之气，太极之气运行生出阴阳二气，阴阳二气交合运行产生了新的事物状态，这就是三。这种新的状态中产生了自然界的天地万物，所以三生万物。

万物由阴阳交合而成，所以万物负阴而抱阳，阴阳二气上下涌动中产生和谐。

具体到人类社会，人们所厌恶的无非是孤独、寡居、不美满，然而国王都喜欢用这样的词来称呼自己。所以事物有两个方面，有时看似减损，其实是增益，有时看似增益，其实是在减损。先人这样告诉我，我也这样告诉你们。强横霸道的人是不会善终的，这也是我告诉你们的最重要的道理。

‖注释‖

① 冲：冲突、融合。

② 强梁：强横凶暴。

‖智慧启示‖

天地万物产生之前混沌一片，称为一。一生出阴阳二气进行交合运行，就如太极图，生生不息，而产生三。三有不同的形式和状态，这就是万物，所以三生万物。

在这里，老子告诉了我们最重要的一点，任何事物都存在着阴和阳两个方面，具体到我们的人生中，就是任何事物都有好坏两个方面，最理想的状态是阴阳平衡、和谐发展。比如对待他人的态度，强横霸道必然失去平衡，不得善果，但过于懦弱怯场，也会被恶人欺负，难有作为。所以要把握好度，对他人以善良友爱为本，但遇到恶人，也要能远离就远离，远离不了就勇敢地反击，方可使人生阴阳平衡、平安发展。

人的身体健康也是同样的道理，不是运动就一定好。让一个每天干活十几个小时的农民再去健身，显然是无稽之谈；而让一个每天坐十几个小时的学者再去打座，也不见得正确。正确的做法，是工作以静为主的，健身一定要动，而工作以动为主的，健身则可选静，这就是阴阳平衡的妙处。

43 不言之教，无为之益

‖原文‖

天下之至柔，驰骋[1]天下之至坚，无有[2]入无间，吾是以知无为之有益。

不言之教，无为之益，天下希及之。

‖释读‖

天下最柔弱的东西，能够驾御天下最坚强的东西。没有形状的东西，间隙再小也能渗透进去。我因此知道了不刻意作为的好处。

行不言之教，知无为的益处，天下没几个人能做到呀。

‖智慧启示‖

老虎和兔子相比，老虎是刚强的，兔子是柔弱的，但结果是老虎成了濒危动物，兔子却满地都是。舌头和牙齿相比，牙齿是坚硬的，舌头是柔软的，人老以后，坚硬的少了很多，柔软的却毫发无损。世上皆看到了坚强的好处，不知取得最后胜利的，其实都是善于用柔弱战胜刚强的智者。

身教胜于言教，顺势而为会事半功倍。虽然天下人能做到的不多，但谁做到谁的人生将更加灿烂，何不马上践行呢？

‖注释‖

① 驰骋：纵马疾驰，引申为驾御。
② 无有：没有具体的形状。

44 知足不辱，知止不殆

‖ 原文 ‖

名与身孰亲？身与货孰多[1]？得与亡孰病？

是故甚爱必大费，多藏必厚亡。

知足不辱，知止不殆，可以长久。

‖ 释读 ‖

名声和身体哪个更值得珍爱？身体和财物哪个更加重要？得到了名利却对身体造成伤害，何者为病？

太爱名利必然使人大费心机，太爱财物必然使人面临巨大风险。

知道满足的人不会受到他人的羞辱，知道适可而止的人不会遇到大的危险，这样就可以长久地平安吉祥。

‖ 智慧启示 ‖

除了生死，生活中没什么大事。

所有的名利，与生命相比，都不可并论，一切以生命健康为代价的名利追求，都是舍本求末。

名誉和钱财，人不可能不去追求。名誉是精神的愉悦，钱财是生活的保障，但要顺势而为，得之有道，享之有据。

古人曰：无欲则刚。把自己的私欲放下，自然会堂堂正正不受人辱，该自己得的自己得，不该自己得的放到自己手中也要丢下，这样的境界自然会平安吉祥，免遭灾祸，颐养天年。

注释

① 多：本义是数量大，引申为重、重要。

45 大巧若拙，大辩若讷

‖原文‖

大[①]成若缺，其用不弊；大[②]盈若冲，其用不穷。大直若屈，大巧若拙，大辩若讷。

躁胜寒，静胜热，清静为天下正。

‖释读‖

大道成就了万物，并不显示自己，好像缺失一样，但大道的作用永远不会停止。大道充盈着天地之间，并不显露自己，好像虚空一样，但大道的作用永远不会穷尽。

因此，最正直的人并不直来直去、言语伤人，说话反而委婉迂回。最灵巧的人并不处处显摆、招摇过市，待人反而朴素纯真。最有理的人并不高声喊叫、咄咄逼人，说话反而慢条斯理，表现木讷。

运动可以战胜寒冷，心静可以抵挡燥热。清静无为使天下太平。

‖智慧启示‖

普通人看到的往往是事物的表象，而有智慧的人看到的是事物的本质。表象和本质，往往表现得并不一致。

老子尚柔尚弱，主张以柔克刚，所以在老子的智慧中，一定是锋芒绝不外露，大智宛若愚钝。这样可以免遭人忌，专注于自己的事情，看似无为，而成就大的作为。

‖注释‖

①② 此处的大，应该指“大道”。

46 祸莫大于不知足

‖原文‖

天下有道，却[①]走马以粪[②]；天下无道，戎马生于郊。

祸莫大于不知足，咎莫大于欲得，故知足之足，常足矣。

‖释读‖

天下符合大道而太平盛世，战马就会退役到农田耕作。天下不合大道而战乱不断，母马也会奔波疆场，把小马生于野外。

再大的祸也大不过不知满足，再大的罪也大不过贪得无厌。所以把知足当成一种满足，人生就会永远因满足而快乐。

‖智慧启示‖

如果各国的君王都能按大道的法则行事，知足而无贪欲，则国与国之间就会少有纷争，天下也就会按大道运行，战马也就没有了用处，回归农田，帮助农民进行耕作。反之，君王贪得无厌，各国就会战争不断。所以老子痛恨君王的贪婪，主张君王要清心寡欲，让百姓能安居乐业、颐养天年。

具体到个人，也是如此，不知满足和贪得无厌是幸福人生的两个大敌，一个人一旦染上这两个恶习，即使官做得再大、钱挣得再多，也不会感到幸福，甚至为了更大的欲望去铤而走险，甚至面临更大的灾难。所以，以知足作为满足，人生才能平平安安，并且常常因知足而感到心安，心安是大福。

‖注释‖

① 却：退，这里指退役。

② 粪：愿意施粪肥，这里指耕田。

47 不出户，知天下

‖原文‖

不出户，知天下。不闚牖[1]，见天道。其出弥[2]远，其知弥少。是以圣人不行而知，不见而名，不为而成。

‖释读‖

不出家门，就能知道天下的大事。不看窗外，就能知道自然界的规律。越是向外刻意地探寻，其真知灼见反而越少。

所以圣人不出行就能知天下事，不窥看就能知自然规律，不刻意作为就能成就大事。

‖智慧启示‖

圣人为什么能不行而知、不见而名、不为而成？因为圣人知道依道而行、与道相通。天下万事万物的发生、发展、结束，无不符合道的规律，所以圣人依道而行，守住自己的心，使心变得清静，使道变得清晰，心与道融为一体，自然会不出户而知天下。

《三国演义》中的诸葛亮，隐居隆中，而知天下大事，就是依道而行，循道分析，得出联孙抗曹、重兴汉室的谋略。所以一事当前，不可急然冒进，静一静而作打算，往往心静时与道最近，可以得出更好的办法，而火急火燎地作出决定，往往事与愿违。

注释

① 牖（yǒu）：窗户。

② 弥：副词，更加，越发。

48 为学日益，为道日损

‖原文‖

为学日益，为道日损①。损之又损，以至于无为，无为而无不为。取天下常以无事，及其有事，不足以取天下。

‖释读‖

追求学问，知识一天会比一天增多；追求大道，欲望一天会比一天减少。不断地减少又减少，最后达到了清心寡欲的无为境界。

不刻意作为顺应了发展的规律，反而无所不为。就如治理天下，最好的办法是让百姓自由发展，少给老百姓添加麻烦。经常给百姓找事、扰民乱民的人，是不能够治理好天下的。

‖智慧启示‖

我们总认为知识可以改变命运，所以我们不断地追求外在的知识，随着知识越积越多，反而感觉知识越来越不够，于是上大学、读硕士、读博士，走向外地，走出国门。在求知的过程中，自己的心开始急功近利、好高骛远。知识多了，心却越来越乱，用这颗混乱的心指引自己的人生，往往会在得到外在成功与名望后，内在的幸福感荡然无存。如果你是国王，用这颗躁动之心治理国家，国家也会因此遭殃。

所以老子说，追求大道，就要在增加知识的同时，修好自己的心，知识越多，越要顺应大道，不能刻意妄为，这样的知识才是有益的知识。那些自持有点知识，就与天斗与地斗的人，与大道不符，结果只能是栽跟头。

‖注释‖

① 损：减少，减弱。

49 圣人常无心，以百姓心为心

‖原文‖

圣人无常心，以百姓心为心。善者，吾善之；不善者，吾亦善之，德善。信者，吾信之；不信者，吾亦信之，德信。

圣人在天下歙歙[1]，为天下浑[2]其心。百姓皆注其耳目，圣人皆孩之。

‖释读‖

圣人永远没有自己的私心，他以百姓的心愿为自己的心愿。善良的百姓，圣人用善良待他，不善良的百姓，圣人也用善良对待他，这样可以引导天下之人人人向善。诚信的百姓，圣人用诚信待他，不诚信的百姓，圣人也用诚信待他，这样可以引导天下之人人人诚信。

圣人治理天下，总是收敛自己的欲望，引导天下人心归于浑厚纯朴。天下百姓总是关注于眼睛看到的、耳朵听到的外在的欲望，而圣人总是像婴孩般纯朴天真。

‖智慧启示‖

我们的每一双眼睛都想看美丽的风景，每一双耳朵都爱听美妙的和声。这是人所以为人的自然状态，是一种正常的人生需求。问题的关键是，再好的东西也应有个度，超过了度就走向了事物的反面。如果总是关注于外在的欲望，满足于眼睛和耳朵的需求，久而久之，就会丢失内心

注释

① 歙：收敛。

② 浑：浑朴、浑厚。

的宁静，让世间的繁华绚丽牵引自己的人生轨迹，从而为物所累、为欲所役。

所以，一个人要想幸福快乐，就要向婴儿学习天真纯朴，减少对外在物欲的追求，寻求内心的宁静，方能像圣人一样悟出大道的真谛。少了物欲、多了宁静，自然会心平气和、气血畅通。同时用一颗善良的心、诚实的心，面对芸芸众生，宁可天下人负我，我不负天下之人。必然心中无闲事，坦然睡大觉，自然会精力充沛，免疫力增强。从这个层面上，老子在讲圣人治天下的道理，也是在讲养生的道理。其实人本身就是一个小宇宙、小天下，只要按道行事，自然会和谐长久。

50 出生入死

原文

出生入死。生[1]之徒[2]十有三，死之徒十有三。人之生动之死地，亦十有三。夫何故？以其生生之厚。

盖闻善摄生者，陆行不遇兕[3]虎，入军不被甲兵，兕无所投其角，虎无所措其爪，兵无所容其刃。夫何故？以其无死地。

释读

走出危险之地则生，进入危险之地则死。长寿的人，能占到三分之一；早亡的人，能占到三分之一；另外三分之一，本来可以长寿，却自己走向了危险的死亡之地。这是为什么呢？是因为太贪图外在的享受了。

我听说真正善于保护自己生命的人，在陆地上行走不会有遇到犀牛和老虎的危险，在战场上参战不会受到兵器的伤害。犀牛没地方使用坚利的牛角，老虎没地方使用锋利的虎爪，武士没机会使用其锋利的刀刃，这是什么原因呢？这是因为他远离危险的地方。

注释

① 生：生命，活着，比喻长寿。
② 徒：同一类，同一派别。
③ 兕（sì）：古代指犀牛（一说雌性犀牛）。

‖智慧启示‖

人生怎么样才会平平安安？老子在这里作了回答，那些善于爱惜自己生命的人，从来不进入危险的地方。所以，怎样才能平安？不去危险的地方就会平安。

有两个小朋友是小学同学，两个人一块儿上学，每天都路过村口的大树，大树下面总会有人坐在那里用扑克牌玩赌博的游戏。很多人在那里看热闹，两个小朋友也在那里和大家一块儿起哄。其中一个小朋友的爸爸知道了，坚决不允许儿子在那里看热闹，另一个小朋友的爸爸不以为然，认为只是看看热闹而已，自己并不去赌，没什么大不了的。就这样两个孩子在不相同的观点指导下，都慢慢长大了。

长大后，一个小朋友成了成功的人士，另一个小朋友却一事无成。什么原因呢？原来是这个小朋友走向社会后，遇到了种种的不顺，突然想起小时候那些赌博的场景，他的脑海中突然浮出一丝念头，如果能赌赢，就不用像现在这样到处碰钉子艰苦奋斗了，于是也加入到了赌徒的行列，结果人生变得消沉，一事无成。

这就是典型的出生入死。离开危险之地的小朋友，走向了生机勃勃的人生；靠近危险之地的小朋友，走向了萎靡不振的人生。

人生的危险之地处处皆有，比如恣情纵欲、贪色好酒、追名逐利、生活奢侈、贪图享受、过于营养。中国历史上，很多帝王可谓穷奢极欲，但有智慧的帝王知道生活奢侈也是一种危险，处处克制自己，往往可以长寿。而大多数的帝王生活在奢侈淫逸之中，其结果大都短命。

如何远离危险之地，恬淡无为、清心寡欲、善良圆通、大慈大悲，以这样的人生态度处世，自然会远离危险之地，人生平安长寿。

51 生而不有，为而不恃

‖原文‖

道生之，德畜之，物形之，势成之。是以万物莫不尊道而贵德。

道之尊，德之贵，夫莫之命而常自然。

故道生之，德畜之：长之、育之、亭之、毒之[1]、养之、覆之。生而不有，为而不恃，长而不宰，是谓玄德[2]。

‖释读‖

大道产生了万物，大德养育了万物，万物发展呈现出各种的形态，它们按照各自内在的动力而不断成长。所以万物没有不尊崇大道和崇尚大德的。

道所以被尊崇，德所以被崇尚，是因为它们不干涉万物而让其自然运行。

故大道生成万物，大德养育万物，它们使万物生长发育、成长成熟，养护它们、保护它们。生育了万物而不占有，养育了万物而不居功，生长了万物而不主宰，这就是最高层次的德呀。

注释

① 亭、毒：亭音成，毒音熟。音同而通用，成之熟之。

② 德：符合大道的行为方式。

‖智慧启示‖

我们现在总是把道和德连在一块儿用，称为道德，指一个人的修为和品行。道德低下，就是行为不端。而在老子这里，道德是两层意思。道是指大道，是空无和虚无的存在，是它产生了万事万物。万事万物产生以后，就存在着一个自我生长、自我成长的过程，在这个过程中，如果符合大道的规律，就是德。所以德是道的另一种表现形式，是道在事物发展中的另一种表现。如果事物的发展不按道的规律行事，就是无德，在生命发展上，就会遇到风险，在个人品行上，就会行为败坏。

因此，什么是大德？大德就是依道行事。就像男女，儿童情窦未开，男女小朋友两小无猜，怎么玩耍也不会被认为不合道德。到一定的年龄，情窦初开，男女开始谈恋爱，这是正常的现象。男大当婚，女大当嫁，完全符合大道。这个时段，如果正常谈恋爱，因为这是“大道”的规律，所以是一种美好，这是生物学基础。但是，如果在谈恋爱时骗财骗色，或者多角恋爱，就与大道偏离，就是一种非“德”的表现。或者说这种行为就不包含德，不是德养育出来的。可见，德是大道在具体事物和行为中的表现，在德的引导中，按德行事，一定会符合大道，取得成功。

52 见小曰明，守柔曰强

‖原文‖

天下有始，以为天下母。既得其母，以知其子；既知其子，复守其母，没身不殆。

塞其兑[1]，闭其门，终身不勤。开其兑，济[2]其事，终身不救[3]。

见小曰明，守柔曰强。用其光，复归其明，无遗身殃。是为习常。

‖释读‖

天地万物开始于道，道就是产生天地万物的根源。既然知道了万物的根源，也就知道了万物的特性。万物是大道孕育产生，我们就要坚守“道”的虚静，这样人生就会没有什么危险。

堵住欲望之口，关闭欲望之门，终身不会有劳疾之苦。打开欲望的口子，增添其外在的追求，终身不会脱离烦扰。

善于发现细微之处叫作明察，善于坚守柔弱姿态才是坚强。用大道的光芒照亮自己，使自己能复归到心境澄明的境界，就不会给自己带来身体的祸端。这就是沿袭大道的规律。

‖注释‖

① 兑：《易·说卦》解释为口，口喜吃香的喝辣的，故可引申为欲望。
② 济：增添。
③ 救：帮其脱离，解脱。

‖智慧启示‖

老子言之切切，想告诉我们的，还是养生的道理。我们是天地万物的一个小小的组成。我们从何而来？我们从道而来。道产生了天地万物，当然也产生了我们自己。道的特性是虚静无为、顺其自然，我们是道的子孙，也应该坚守道的品行，这样人生就会没什么危险。

但是，在社会当中，恰恰很多人忘记了大道的原则，私欲膨胀，为所欲为，当时看风光无限，最后都落了个不吉的下场。

人一生应该干大事、创大业，其本质是为社会做贡献，而不是为了满足自己的私心欲念。如果站在这样的境界，虽有大的作为，也不会有生命的危险。那些权位在身，不是为民谋事，而是处处为己谋利的贪婪之人，应该从中吸取智慧，“塞其兑，闭其门”，不然只会落得个终身不救的地步。

53 行于大道，唯施是畏

‖原文‖

使我介然[①]有知，行于大道，唯施[②]是畏。大道甚夷，而民好径。

朝甚除[③]，田甚芜，仓甚虚。服文彩，带利剑，厌饮食，财货有余，是为盗夸。非道也哉！

‖释读‖

假使我稍微有一点智慧，我都会行走在平坦安全的大道上，唯一担心的是不小心走上了不安全的邪道。大道是那么平坦安全，可人们总爱走那些歪门邪道的捷径。

不断地改朝换代，造成了农民的田地荒芜、国家的仓库虚空。但是那些王公贵族照样穿着华丽的衣服、带着锋利的宝剑，美食多得都有点厌烦，家里还藏着大量的财物，这是强盗在那里自我夸耀。这完全不符合大道呀！

‖智慧启示‖

大道是什么？大道首先要合乎常理。那些不按规律办事，企图投机取巧、寻求歪门捷径的人，是不会有什么好的结果的。

老子举例说，国家虚空、人民贫穷、田地荒芜、连年战乱，而那些当官的一点也不体恤人民的艰辛，照样吃喝玩乐、灯红酒绿，这样的国家完

注释

① 介然：微小，一点。
② 施：同迤，斜，不平，弯曲。
③ 除：除去，变化。

全不符合大道，终归会走向灭亡。符合大道的做法，是与人民共甘苦，让人民休养生息、安居乐业，而不是巧取豪夺，供养自己奢靡的生活。这样国家才会长治久安。

这样的道理用到养生上也是如此。身体总是追求外在的享乐，造成内脏空虚、阳气不足，这个时候还服用大补之药，装出很有精力、追求外在的虚荣、寻找更多的财富，其结果只能是早早地亏空自己的身体，落个“钱很多人不在”的悲剧下场。

54 善建者不拔，善抱者不脱

原文

善建者不拔[1]，善抱者不脱[2]，子孙以祭祀不辍。

修之于身，其德乃真；修之于家，其德乃余；修之于乡，其德乃长；修之于国，其德乃丰；修之于天下，其德乃普。

故以身观身，以家观家，以乡观乡，以国观国，以天下观天下。吾何以知天下然哉？以此。

释读

善于修为大道的人信念不会改变，善于守持大道的人行为不会偏差。这样的人平平安安，子子孙孙会绵延不断。

用道来修身，会完美无缺、宛如真人。用道齐家，会惠及乡邻、德庆有余。用道来理乡，会民风纯朴、源远流长。用道来治国，会国富民强、家国兴旺。用道来普惠天下，会天下太平、普天同庆。

所以，用合“道”之人观察不合“道”之人，用合“道”之家观察不合“道”之家，用合“道”之乡观察不合“道”之乡，用合“道”之国观察不合“道”之国，用合“道”之天下观察不合“道”之天下。我怎么知道天下好还是不好呢？用的就是这个办法。

‖注释‖

① 拔：拔除，意指改变。

② 脱：脱离，意指偏离，偏差。

‖智慧启示‖

我们讲理想、信念坚定，用在修道上，也是同样的道理。老子讲“建”，建什么？讲“抱”，抱什么？这个“什么”就是大道，“建”的是大道，“抱”的也是大道。一个是主动修为，一个是坚持不变，其本质上是一样的，就是要按道的规律行事，做到这一点就会远离祸端、平平安安，子子孙孙才能繁荣昌盛，也才能永远有后代去祭祀怀念。而如果不按大道规律行事，则容易暗藏灾祸，子子孙孙难保平安，也就会断了延续的香火。

老子由道惠于个人，扩展到家、乡、国、天下，都是一样的道理。天下治理得好与不好，看它是否尊崇大道就行。因此，我们在日常行为中，就要牢记按道行事，不偏离道之规矩，则可诸事吉利。

55 物壮则老

‖原文‖

含德之厚，比于赤子。蜂虿虺蛇不螫，猛兽不据，攫鸟不搏。骨弱筋柔而握固，未知牝牡之合而朘作[1]，精之至也。终日号而不嗄[2]，和之至也。

知和曰常，知常曰明，益生曰祥[3]，心使气曰强。物壮则老，谓之不道，不道早已[4]。

‖释读‖

那些道德修养深厚的人，就像无求无欲、不犯众物、纯真无邪的婴儿一样。毒虫不去咬他，猛兽不去害他，凶禽不去抓他。

婴儿筋骨柔弱，但小手握得很紧，不懂男女交合之事，但小生殖器很坚挺，这是因为他精气充足的缘故。他终日嚎啕大哭，而嗓子却不嘶哑，这是因为他阴阳二气柔和发展的缘故。

知道了阴阳和谐就知道了事物发展的规律。懂得了事物发展的规律就会明察一切。那些过度享乐贪生的人其实是暗藏凶险，那些用欲望支配阴阳和气的人其实是好胜逞强。事物太逞强求壮则容易衰老，因为这是不符合大道的，不符合大道的人容易早早灭亡。

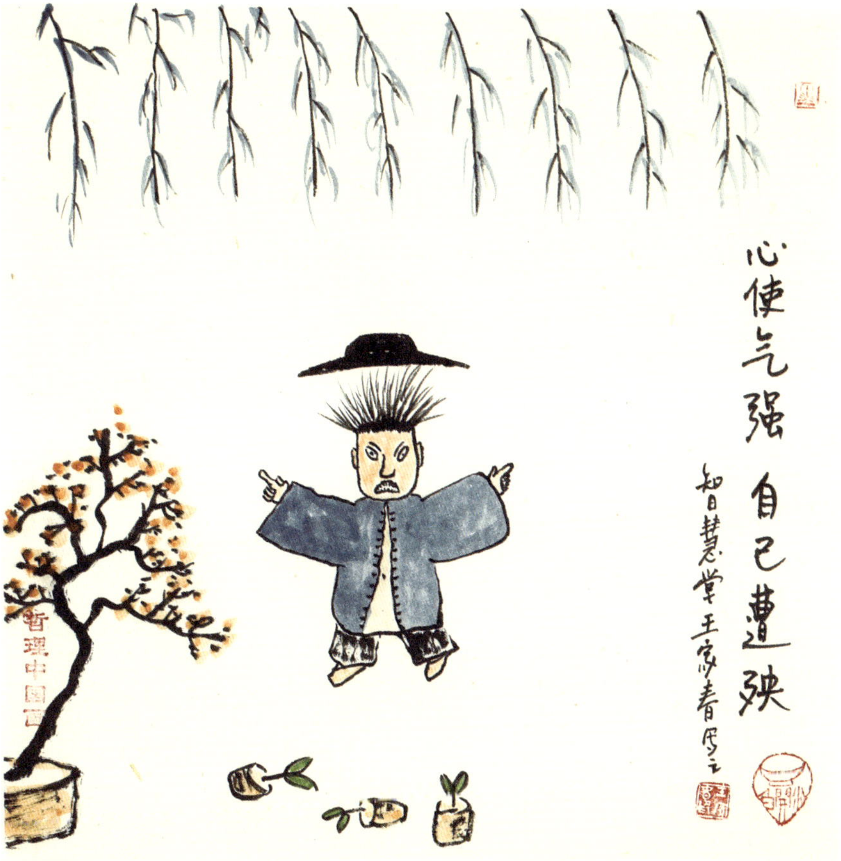

注释

① 朘（zuī）作：朘，男子的生殖器；作，勃起。

② 嗄（shà）：嗓音嘶哑。

③ 益生曰祥：益，古同溢，原指水漫出来，比喻过度。祥，今指吉祥，古时也指妖祥、妖异、凶险。

④ 已：止，停止。

‖智慧启示‖

老子反对“贵生”“厚生”“益生”，并不是说老子不珍爱生命，恰恰相反，老子是最会养生的人。“贵生”“厚生”“益生”都是刻意为之，而老子养生，讲究的是自然、无为、贵柔、不争。清静而无为，不为外界诱惑而动心，自然会气血畅通，心底澄明，百病自会远离。

在这里，老子以婴儿为例，其虽外在柔弱，但内在充满了精和之气，蕴藏着巨大的能量。而那些为了欲望，追求纵欲享乐、追求外在强悍的人，由于不符合大道，物壮则老，必定会很快走向灭亡。

一位朋友，仪表美丽大方，是个美貌才女，偏爱考古探险，经常一个人去考察大秦直道，大家甚为佩服。有一天，有好奇者问，你一个弱女子，遇到歹人怎么办？这位朋友一笑，居然从手提包里拿出了一柄刀，说：我用此刀防身。我一看，赶紧劝道，不敢不敢，真的遇到歹徒，一定要以柔克刚，不敢亮刀逞强，不然一定吃亏，应该备个口红辣椒水，先示弱，麻痹对方，趁其不备，辣椒水用上，自会脱身。这虽是朋友间的一个趣谈，但很有智慧的含义，不该逞强的时候，如果逞强，是不符合大道的，不合大道的行为，一定会有不好的结果。

56 知者不言，言者不知

‖原文‖

知者不言，言者不知[1]。

塞其兑，闭其门，挫其锐；解其分，和其光，同其尘，是谓玄同[2]。故不可得而亲，不可得而疏；不可得而利，不可得而害；不可得而贵，不可得而贱，故为天下贵。

‖释读‖

有智慧的人不随意发表言论，随意发表言论的人不够有智慧。

堵住欲望的口，关闭欲望的门，消解外露的锋芒，化解情欲的纷争，能与大道的光芒同在，也可与百姓的尘污相融。这种境界就达到了与玄妙的大道境界相同。

达到这种境界的人，不可能与他亲近，也不可能与他疏远，不可能因他而得私利，也不可能因他而受伤害，不可能因他而变得富贵，也不可能因他而变得贫贱。

这样的人无私心，以百姓心为心，所以为天下的人所敬重。

‖智慧启示‖

真正有智慧的人都是深藏不露，因为他达到了高的境界，不会去表现自己而享受虚名的满足。相反，那些总高谈阔论、处处表现自己的人，往往是半瓶子晃荡，肚里的墨水并不是很多。

‖注释‖

① 知：同智，智慧。

② 玄同：与玄妙的道相同。

有人开玩笑，一群人在一起，那些话语最少的是两种人，身份地位最高的和最低的。如何区分他们？很简单，点头认同的和笑而不语的。一群人中沉默寡言而含笑不语的，一定是身份不一般同时最有智慧的。那些靠拍须溜马上位的不在此列。

这些有智慧的人离道最近，他不会有意亲近某个人，也不会有意疏远某个人，不会给某个人谋私利，也不会去伤害某个人。这样的人坚守大道，与地位高的人和地位低的人都能融合在一起，而不显露自己的特别。在人看来，这些人似乎平庸而无远大抱负。其实恰恰相反，因为他不为外在的世事所扰，更容易专心自己的事业。真正成大事并且长寿平安者，往往是这些有智慧的人。

57 以正治国，以奇用兵

‖原文‖

以正治国，以奇用兵，以无事取天下。吾何以知其然哉？以此。

天下多忌讳，而民弥贫；民多利器，国家滋昏[①]；人多伎[②]巧，奇物滋起；法令滋彰，盗贼多有。

故圣人云，我无为而民自化，我好静而民自正，我无事而民自富，我无欲而民自朴。

‖释读‖

用光明正大的方法去治理国家，用出奇制胜的计谋去用兵打仗，用不扰民、不役民的无为方法去治理天下。我怎么知道这样好呢？根据在下面：

天下的禁令越多，老百姓越容易贫穷。民间的利器越多，国家越容易混乱。老百姓聪明机巧越多，天下越容易出邪事怪事。国家的法令法规越苛刻，各种盗贼犯事的反而不断增加。

所以得道的圣人才说：我不刻意去作为，老百姓反而去自我发展。我清静无欲，老百姓反而心地纯正。我不去扰民役民，老百姓反而会自己富足。我不贪图荣华，老百姓自然会纯朴厚道。

注释

① 滋昏：滋，增加，增多；昏，昏乱。

② 伎：技巧，含有智巧的意思。

‖智慧启示‖

任何事物都有两面：治理国家，要用符合大道的光明正大的办法；但用兵打仗，若光明正大，只能吃败仗，所以要出奇出怪、出其不意，让对手无法防备，从而取得胜利。因此老子讲用兵要奇。但是，如果用用兵之道来治理国家，则会盗贼横生、民民争斗、国家混乱。

在这里，老子以圣人之口，告诉我们一个以身作则、上行下效的道理。不要过多地干涉、干扰百姓，百姓反而会更好地自我发展。子女教育就是一个很好的例子，那些对孩子充分放手、不过多干预、让孩子以自己的志向自由发展的父母，其孩子更容易成才。反之，处处替孩子安排好的父母，其孩子反而不容易有所成就。

58 祸兮福之所倚，福兮祸之所伏

原文

其政闷闷[1]，其民淳淳；其政察察，其民缺缺[2]。

祸兮，福之所倚；福兮，祸之所伏。孰知其极？其无正？正复为奇，善复为妖。人之迷，其日固久。

是以圣人方而不割，廉而不刿，直而不肆，光而不燿。

释读

政治仁慈宽厚，人民就纯朴善良。政治苛刻严厉，人民就狡诈凶恶。

祸的后面往往暗藏着福，福的后面往往埋伏着祸，两者互相转化、互相依存。到底是福还是祸？实在没有一个标准的答案。本来是正常的，摇身一变成了怪异，本来是善良的，摇身一变成了妖孽。人们总是迷在其中，已经有很长时间了。

得道的圣人知道祸福转化的道理，所以他虽处世方正但并不伤害他人，廉洁清明但并不苛刻他人，为人率真但并不任性放肆，自带光明但并不显摆刺眼。

‖注释‖

① 闷闷：不声响，意指宽厚、无为。

② 缺缺：不够数，意指狡诈、欺骗。

‖智慧启示‖

这样的道理大家都懂，最著名的注解是“塞翁失马，焉知非福”的故事。但是，在现实生活中，能够将其当成智慧运用的人却寥寥无几。

从哲学的角度去分析，世间万物都存在着正反两个方面，它们相互依存，在一定的条件下又互相转化。因此，有得必有失，有快乐必有痛苦，有相聚必有分别。有智慧的人懂得其中的玄机，往往会适可而止，对事物不刻意作为，万事万物只求一个恰到好处，而不求充盈完美。他们处世方正、有棱有角，但并不去伤害他人。他们清正廉洁，但对人又充满人情味，不以自洁而苛刻他人。他们为人直率、快言快语，但不随意而为、言语伤人。这个度总是把握得恰到好处，最后的结果不求完美，但往往是人生中最完美的结局。

59 治人事天莫若啬

‖原文‖

治人事天莫若啬[1]。

夫唯啬，是谓早服[2]。早服谓之重积德[3]，重积德则无不克，无不克则莫知其极，莫知其极，可以有国。有国之母，可以长久。是谓深根固柢，长生久视之道。

‖释读‖

治理国家敬奉天道，最好的办法就是节约实力，注重保养元气。

只有保存实力不用尽，保养好自己的元气，才是真正的遇事早做打算、早做准备。能够遇到问题早做打算就是增加符合大道的善德，符合大道的善德多了就没有克服不了的困难，什么困难都能克服，人们就摸不透他的能力有多大。这些能力强大的圣人就可以去治理国家。有了节俭这个治理国家的根基，国家治理就可长久，这就叫根深蒂固，是国家长治久安的大道。

‖智慧启示‖

老子在这里讲的是治理国家，其实治理自己的身体（保健养生）也是一样的道理。凡事预则立，不预则废，而“预”的最好办法，就是注重保存自己的精气神。国家有国家的精气神，个人有个人的精气神，这个精气神就是元气，不到万不得已，不可随意外泄。有了这个元气长存，对问题

注释

① 啬：节俭、爱惜、保养元气，也指收敛，不张狂。

② 早服：早做准备。

③ 德：不是指现在意义上的道德，是指符合大道的品行。

早做打算，自然会克服种种困难，使国家长治久安，用在身体保健上，就是使自己平安长寿。

现在存在一个现象，就是“过劳死”，年纪轻轻，身体也没有大的毛病，但因为过分追求外在的利益，透支体力，伤害了元气，使生命早早地划上了句号。这就是不“啬”的表现。因此，做任何事，首先要量力而为，不可伤己元气，方可有所成就。否则，取得的所有成就，在生命的休止符中，会归于一个大零。

60 治大国若烹小鲜

‖原文‖

治大国若烹小鲜[①]。

以道莅天下，其鬼不神。非其鬼不神，其神不伤人；非其神不伤人，圣人亦不伤人。夫两不相伤，故德交归焉。

‖释读‖

治理大国，要像煎小鱼一样，不能过多翻动。

用大道来治理天下，鬼神也没有了威力。不是它们没有威力，是它们的威力伤害不了人。非但鬼神伤不了人，治理国家的君主也不会伤人。鬼神和君主都不伤害百姓、和谐相处，这就是符合大道的“德”互相化之而让百姓可以分享到德的恩泽呀！

‖智慧启示‖

会烹饪的人都知道，在煎小鱼的时候，不能随意翻动，否则鱼会碎烂。用这样的大道治理国家，无私欲之心，无害人之心，鬼神也奈何不了。君子无私心，不害于民，君、神、民和谐相处，这就是大德的功劳，是以德化之的结果。

管理的根本在于守静、不扰民，不能朝令夕改，不能律令过多让人无所适从。最好的管理，是制定一个可激发人内在正能量的规则，使人们自发而为，达到马不扬鞭自奋蹄的境界，人人向善，人人向上，和谐共处，共同发展，趋于大同。

‖注释‖

① 小鲜：小鱼。

61 大邦者下流，天下之交

‖原文‖

大国者下流[1]，天下之交，天下之牝。牝常以静胜牡，以静为下。

故大国以下小国，则取小国；小国以下大国，则取大国。故或下以取，或下而取。大国不过欲兼畜人，小国不过欲入事[2]人。夫两者各得所欲，大者宜为下。

‖释读‖

大国要像江河一样甘居低凹之处，那是天下河流交汇的地方，那是万物发育生长的地方。雌性的柔弱常以静柔而胜过雄性的躁强，就是因为雌性甘居静柔，姿态居下。

因此大国谦让居下于小国，则能得到小国的拥护。小国谦让居下于大国，则能得到大国的保护。所以有的大国因居下受到了拥护，有的小国因居下受到了保护。作为大国不过是想让小国归顺于自己，作为小国不过是想找个靠山依附。这样两者都各得其所，在这种关系中，大国更应先有姿态谦让居下。

‖注释‖

① 下流：水流向的地方，低凹之处。

② 入事：事奉人，比喻求得庇护。

‖智慧启示‖

大国者就是国土大、人民多、实力强的国，这样的国家最容易恃其强盛而想吞并小国，独霸天下。但由于其逞强好胜，引起天下小国共反之，其结果往往是“物壮而老”、强极必衰。因此，老子告诫这些国家的君主，要甘居人下、谦让柔静，这样，虽未吞并小国，但天下的小国皆归顺之，照样是天下第一大国。以居下守柔而得天下，这样既避免了战争对人民的伤害，又使大国保持了强国的地位，这是符合大道德性的善举呀。

具体到做人，也是一样的道理。海纳百川，甘居人后，一个有如此胸怀的人，不仅不会欺负弱小，还会帮助弱小发展，对不如自己的人照样谦恭礼让，那么总有一天，这样的人会成就一番大的事业。

62 美言可以市，尊行可以加人

‖原文‖

道者万物之奥①，善人②之宝，不善人之所保。

美言可以市，尊行可以加人。人之不善，何弃之有！故立天子，置三公，虽有拱璧以先驷马，不如坐进此道。

古之所以贵此道者何？不曰求以得，有罪以免邪？故为天下贵。

‖释读‖

道是深藏在万事万物成长、发展背后的规律。得道的人视它为珍宝，不得道的人也祈求它保佑自己。

符合大道的善言可以受到大家的尊重，符合大道的善行可以影响他人的行动，那么对于不善良的人，我们为什么要抛弃他呢？

所以天下立天子，设置王公大臣职位，向国王进献宝玉骏马，不如把“大道”作为礼物晋献于国王。

古时候重视大道是为什么呢？不是说求什么可以得到什么，而是那些有罪之人可以因“道”而改邪归正。所以道才为天下人所珍重。

注释

① 奥：深奥，奥秘，隐藏。

② 善人：得道之人。

‖智慧启示‖

道是什么？道是清净无为的，道也是力量强大的。道不刻意去干扰万物的成长、发展，但同时万物的成长、发展，其背后的力量也正是道的发展规律。道成就了一切，道又不干扰一切，这就是无所不能的道。

得道的人，一定会把道视为珍宝，但那些不得道的人，也往往会敬畏大道，让大道保佑自己平平安安。不得道的人，由于不按道行事，往往会有这样那样的毛病，也称为不善良的人。

对于这些人，老子认为，道完全可以改变他们，千万不能抛弃他们。这比孔子的“君子过而能改”更加普惠，认为只要尊崇大道，“小人也可过而能改”。这样的思想在我们育人、用人、识人、培养人方面，有着重要的借鉴意义。

63 天下难事，必作于易

‖原文‖

为无为，事无事[1]，味无味[2]。

大小多少，报怨以德。图难于其易，为大于其细。天下难事必作于易，天下大事必作于细，是以圣人终不为大，故能成其大。

夫轻诺必寡信，多易必多难，是以圣人犹难之。故终无难矣。

‖释读‖

为那些不刻意作为的作为，干那些让事物按自身运行规律发展的事业，品尝那些“恬淡虚静”的人生美味。

大从小做起，多从少累积，怨以德报之。解决困难要先从易处着手，干大事业要先从小事做起。天下难事必作于易，天下大事必作于细。所以圣人总是不贪图做大事，而是不断地解决小事，最后反而成就了大事。

那些随意说大话、许诺言的人一定缺少信用，那些把做事看得非常容易的人一定会遇到更多困难。所以圣人总是把事情看得很难，努力从小处一点点做起，到最后反而没有了困难。

‖注释‖

① 无事：万物按照道的规律自我发展，不用去干扰它。

② 无味：淡泊名利，清心寡欲。

智慧启示

老子在这一章里，告诉我们的是智慧的方法论。

人要有所作为，但不能刻意而为。人要成就事业，但要顺其自然。人要品位人生，但要知道，恬淡无味对人生最有益处。在这样的人生观基础上，老子又告诉我们，有人对不起我们怎么办？我们要宽容宽厚，以德抱怨。遇到困难的事怎么办？先从容易的地方下手，可以增强信心。想干一番大事业怎么办？先从小事做起，无数小事的叠加就可成就大事。因此，那些得道的圣人，总是把一件件该解决的事解决好，最后成就一番大业。

有一位中学生，发表了一部长篇小说，受到了方方面面的好评。记者采访她，你这么小的年纪，怎么会写出这么长的小说？同学回答，这没有什么呀，我只是把作文写长而已。就是这一段一段的“作文”，构成了长篇大作。把每一块砖垒好，一定会建成牢固的大厦。

64 千里之行，始于足下

‖原文‖

其安易持，其未兆易谋，其脆易泮[1]，其微易散。为之于未有，治之于未乱。

合抱之木，生于毫末；九层之台，起于累土；千里之行，始于足下。

为者败之，执者失之。是以圣人无为，故无败；无执，故无失。

民之从事，常于几成而败之。慎终如始，则无败事。

是以圣人欲不欲，不贵难得之货。学不学，复众人之所过。以辅万物之自然，而不敢为。

‖释读‖

事物平安发展时最容易把控，问题未出现之前最容易谋划。脆弱的东西容易破碎，微小的东西容易驱散。所以要在问题没有发生之前就处理妥当，在祸乱没有发生之前就早做谋划。

合抱的大树，是从小树苗长成的。九层的高台，是用一筐筐泥土垒成的。千里的行程，也是从脚下第一步开始的。

任意作为就会失败，执意占有容易失去。因此得道的圣人不刻意作为所以不会失败，不执着占有所以不会失去。

‖注释‖

① 泮（pàn）：融解。

很多人做事，常常在快要成功时却失败了。如果他在事情结束时像开始一样认真谨慎，就不会失败了。

所以圣人追求一般人不追求的东西，他不贪图难于得到的贵重财物。圣人所学一般人不爱学的事物发展规律，他所学可以纠正一般人犯的过错。他能辅助天下万物按自然规律行事，而不去妄加干扰。

‖智慧启示‖

不管是好的事物还是坏的事物，其发展都有一个从小到大、从弱到强的过程。弱小的时候容易解决、容易处理，所以对于可能出现的问题和祸乱，要及早处理，防微杜渐。

但是，对于好的事物，则应是另外一种态度，这就是毅力和坚持。一口吃不成胖子，一天长不成大树，企图一夜之间有大收获的人，往往缺少毅力，难以做到持之以恒，于是总是在成功的前夜走向失败，原因就是不能慎终如始、坚持到底。

这就告诉我们：对有害之物，要早做打算，将其扼杀在萌芽之中；对有益之物，要倍加呵护，慎终如始、坚定坚持，定会有所大成。

65 以智治国，国之贼

原文

古之善为道者，非以明民，将以愚之。民之难治，以其智①多。故以智治国，国之贼；不以智治国，国之福。

知此两者，亦稽②式。常知稽式，是谓玄德。玄德深矣，远矣，与物反③矣，然后乃至大顺。

释读

古时候善于用大道的规律进行管理的君主，不是用道使人民变得智巧机诈，而是用道使人民纯朴厚道。

民众之所以不好治理，是因为管理者太聪明机巧。所以以智巧治理国家，是国家的祸患，不以智巧治理国家，是国家的福祉。

知道这两种办法都是治理国家的方式。经常区分思考这两种方式的好坏，就能达到“玄德”的境界。“玄德”深远广大，与万物一同返璞归真，然后与自然发展规律相顺应。

智慧启示

很多人对这一章有误解，认为“将以愚之”是老子的愚民思想，其实这里的“愚”不是愚蠢的意思，而是老实憨厚、返璞归真的一种状态。如果民众皆能如此，民风纯朴，则国家就会安宁和平、长治久安。

具体到一个单位也是如此，如果单位之人爱勾心斗争、攻心斗智，这

‖注释‖

① 智：此处非指智慧，指计谋、巧诈。
② 稽式：法则，准则。
③ 反：返，指返朴。

个单位只会世风日下、鸡犬不定，不仅败坏了单位的风气，还会使那些老老实实的人员受害受累。因此，不以智治理，大家都纯朴厚道，以真心换真心，则会是大家的福祉。

具体到一个人也是如此，一个人就是一个小宇宙，五脏六腑各个器官组成了一架人的机器。如果做人厚道，各器官之间也会和谐相处，延年益寿。如果总是动歪心思，心虑过重，阴生阳损，则五脏不和，定会损害身体。

66 以其不争，天下莫能与之争

‖原文‖

江海所以能为百谷[1]王者，以其善下之，故能为百谷王。

是以欲上民，必以言下之；欲先民，必以身后之。是以圣人处上而民不重，处前而民不害[2]，是以天下乐推而不厌。以其不争，故天下莫能与之争。

‖释读‖

江海之所以能够统领百川河流，是因为它善于处在这些河流的下方，所以才能成为河流之王。

因此，圣人要想统治好民众，必须在言语上对民众表示谦下，要想领导好民众，必须把自身的利益放在民众之后。因此圣人处在高位而民众并不感到沉重，圣人处在前面而民众并不感到妨碍，并且天下的民众乐于拥戴他而不厌烦他。圣人不与人争名争利，所以天下之人没什么能和他相争。

‖智慧启示‖

老子的哲学思想是一种大智慧。智慧就像科学上的公理，谁都能用。国王能用，人民也能用，这才叫智慧。

以往的注释家大多把这一条看成是老子向统治者的献言，是一套利用人民统治人民的权术，是为统治者出谋划策。这种解释只能说是对老子的

注释

① 谷：指山谷中的溪流，这里指江河。
② 害：妨碍。

无知。

大海之所以广阔，是因为甘居于下而不弃百川。大到一个国家，小到一个公司、组织、班级、家庭，都是一样的道理。要想在一定范围内具有领导地位，就必须像大海一样心胸宽阔，不妄自尊大，不高高在上而不可一世，否则，等待自己的只能是自取灭亡。

做人也是一样的道理。甘居下位，不与人争名争利，安心专注于自己的事业，别人争名的风光之后，是徒有其名，不争名者专注于事业，若干年后，反而名利自来，这就是老子的高明之处。不与人争，人莫能与我争，安心做事，不争自来。

67 天将救之，以慈卫之

‖原文‖

天下皆谓我道大，似不肖①。夫唯大，故似不肖。若肖，久矣其细②也夫。

我有三宝，持而保之。一曰慈，二曰俭，三曰不敢为天下先。

慈，故能勇；俭③，故能广④；不敢为天下先，故能成器长。

今舍慈且勇，舍俭且广，舍后且先，死矣！

夫慈，以战则胜，以守则固。天将救之，以慈卫之。

‖释读‖

天下的人都给我说道是宏大的，却看不出它是具体的什么形象。正是因为它宏大，所以才不像任何具体形象的东西。如果像具体的东西，它早就变得微小了。

我有三件宝贝，一直坚守和保持。第一件是慈柔，第二件是简朴，第三件是不敢行动在天下人的前面。

出于仁慈而战斗，所以勇敢。追求简朴而处世，所以宽广。不行动在他人前面而避免了冒险，所以在万事万物中，生命最长久。

而现在的人舍弃了慈柔去追求勇猛，舍弃了简朴去追求宽广，舍

‖注释‖

① 肖：相似，相像。

② 细：细小，微小。

③ 俭：节俭，简朴，朴素。

④ 广：宽广，宽裕。

弃了居后而向前冒险，结果只能是失败！

所以出于正义的慈柔去战斗，会取得胜利；去守卫，城堡会坚固。天要救助谁，就给予他慈柔的品格用来保护他。

‖智慧启示‖

老子的用语，言虽简，意则丰实。其智慧可用于治国，也可用于修身、齐家。

老子的三宝——慈柔、简朴、不为天下先，就是养生的最好方法。因为仁慈，对人宽厚，则少生气，气不生则气血畅通，百病自消。因为简朴，不求名利奢华，则心胸豁达，不会为小事计较，心宽而体胖，自会身体康健。因为不为天下先，自会少了很多冒险的机会，不去冒险，自然会平平安安。这里一定要清楚，老子的不敢为天下先，并不是胆小怕事、畏缩不前，而是要道法自然、不争名争利在先。曾国藩读到这里时，告诫子孙，不为天下先，就是不要天下第一等大名，名太盛宜引杀身之祸，不为天下先，则可一生平安康乐。

68 善战者不怒

‖原文‖

善为士[①]者不武，善战者不怒，善胜敌者不与，善用人者为之下。是谓不争之德[②]，是谓用人之力，是谓配天古之极[③]。

‖释读‖

善于做将帅的人不逞显勇武，善于作战的不轻易被激怒，善于战胜敌人的人不与敌人面对面蛮斗，善于使用人才的人对人才非常敬重。这就是符合不争强好胜的大德，这就是能充分发挥人才能力的大智，这就是符合天道自古以来的准则。

‖智慧启示‖

爱争强好胜、名利心重的人，当将帅必会逞能显威，去作战必会怒气冲冲，遇敌人必会刀枪硬碰，这样的人乃一介武夫，也可取得暂时之胜利，但最终的结果一定是失败。猛将项羽便是一例，气吞山河，力壮如牛，然只知争之勇，不知不争之智慧，最后空有一身豪气，落得个乌江自刎。

游击战中，敌强我弱，如果硬碰硬，必定会鸡蛋碰石头。但我们“不与”之硬碰，而是采用攻心、智取、游击等战术，打得过就打，打不过就走，择机行事，这不是软弱，而是智慧，最终往往可以取得胜利。

注释

① 士：将士、将帅。
② 德：符合大道的品行。
③ 极：准则、标准。

69 祸莫大于轻敌

原文

用兵有言，吾不敢为主而为客，不敢进寸而退尺。是谓行无行①，攘无臂②，扔③无敌，执无兵。

祸莫大于轻敌④，轻敌几丧吾宝。故抗兵相加⑤，哀者胜矣。

释读

善于用兵的人有这样的警句：我不敢主动去攻击别人，万不得已才去打仗。我不敢主动进攻一寸，宁可自己退守一尺。这样的话，道路上行走的就不是军队，没有人振臂而群情激愤，想面对面打斗也找不到对手，手中拿的也不是兵器。

祸莫大于轻视敌人而逞能好战，这样的话就丧失了“慈、俭、不敢为天下先”的人生三宝。要知道，两军对垒实力相当时，那些本不愿打仗又不得不打异常悲壮的一方，往往会取得胜利。

智慧启示

老子是反对战争的。大家可以想象一下这样的场景：道路上行走的是急匆匆的军队，大街上青年人振臂高呼着进行演讲，群情激愤要去战斗，普通的民众手里也拿着刀枪。而在老子眼中，他理想的社会，应该是道路

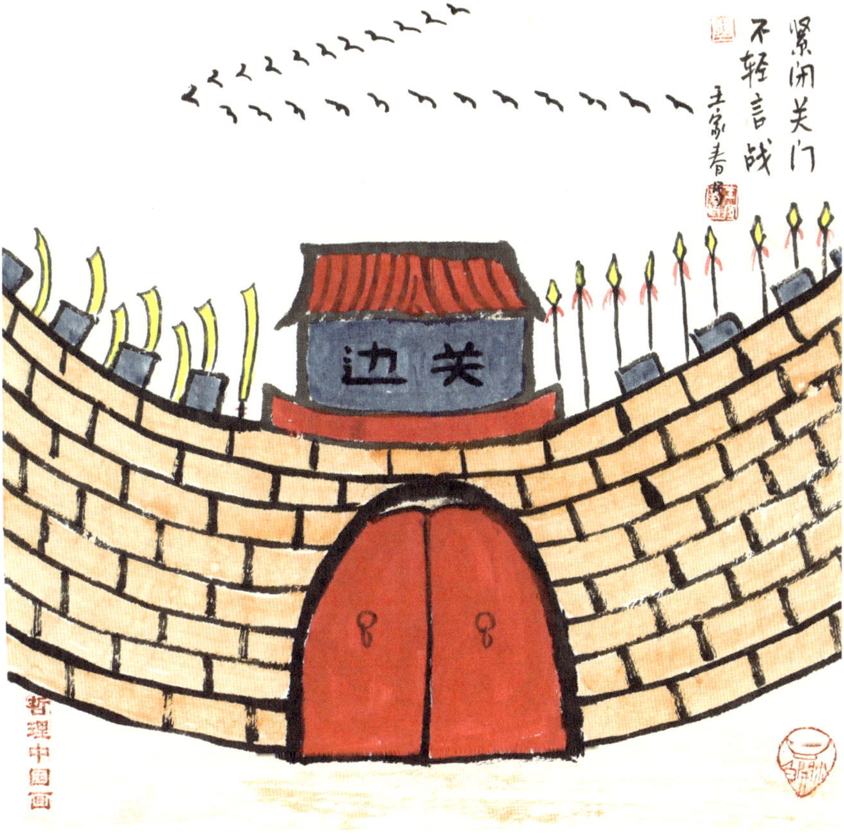

注释

① 行：行伍，指军队。

② 攘无臂：攘臂，捋袖伸臂，形容激愤。攘无臂，指没有振臂激愤。

③ 扔：是一个牵过来、掷出去的动作，形容面对面打斗，推来推去。

④ 轻敌：轻视敌人而逞强好战。

⑤ 相加：差不多，相当。

上行走的是幸福的民众而不是军队，大街上的百姓平安和谐而不是振臂高呼，人与人之间和睦相处而不争斗。这样的社会就充满着慈柔、俭朴、不为天下先的智慧。这再一次彰显了老子谦退忍让、无为静柔的大道思想。

老子所说的“轻敌”，不是说要重视敌人，而是指对方比我们强大，我们要忍柔守静，不要逞强好胜主动与对方发动战争。但如果对方主动侵略我们，我们的人民和军队就会群情悲愤，决一死战。而对方自恃强大，必定骄横蛮行、骄兵必败，最后的胜利属于慈柔悲愤的一方。

做人也是一样的道理，不主动树敌，谦和待人，专心做事，自甘居下，定会笑到最后，那些恃强凌弱之人，只会自取灭亡。

70 知我者希，则我者贵

原文

吾言甚易知，甚易行。天下莫能知，莫能行。

言有宗[①]，事有君[②]。夫唯无知，是以不我知。知我者希，则我者贵，是以圣人被褐[③]而怀玉。

释读

我的理论非常容易理解，也非常容易践行。但是天下的人都不去理解、不去践行。

我的言论有出处，来自于大道；我的行为有根据，符合大道。天下的人不知道这些，所以对我就不了解。理解我的人太少了，效法我行为的人更是难得。

那些得道的圣人看似穿着简朴的粗布衣衫，但怀里揣着的却是智慧的美玉呀！（可惜知者甚少。）

智慧启示

老子也有苦恼：我的话那么简单、那么易行，为什么天下人不去身体力行呢？答案很简单，因为在急功近利、物欲横流的世俗社会中，老子讲的无为、不争、居下、守静、柔弱的大道准则，与社会中热衷于弱肉强食、勾心斗角、争名夺利的现实相比，显得苍白无力。所以世人不去理解、不去执行。

凡人看到的只是争名夺利而得来的小惠，圣人看到的是争名夺利带来的祸端。而真正的大福、大贵、大平安只有靠居下、谦让、守静、不争，才能修来。

‖注释‖

①②：宗、君，都是指符合大道。

③褐（hè）：粗布或粗布衣服。

71 知不知，上

‖原文‖

知不知，上；不知知，病。夫唯病病，是以不病。圣人不病，以其病病[①]，是以不病。

‖释读‖

知道自己不知道，这是最好的。不知道却自以为知道，这是病态的。圣人没有这种毛病，是因为知道这种毛病是病态而主动避免。因此只有把“自以为知道其实不知道”当成一种病态去克服，才能避免“不知却以为知”这种愚蠢的毛病。

‖智慧启示‖

很多人在人生的道路上栽跟头，是栽在不懂装懂、自以为是的毛病上。所以孔子告诉我们：“知之为知之，不知为不知，是知也。”现在很多人，一旦当上领导干部，对于下属的所有工作都指手画脚、发号施令，好像官做得越大，事懂得越多。其实不然，任何学问都是术有专攻，只有老老实实、不以官压人、善于发挥各方面人才的主动性，才能在工作上有建树，从而避免不懂装懂，拍脑袋、瞎指挥，在工作中造成失误。

做人也是一样，人贵有诚。据说有一次招公务员，最后一关出的题目是请论述唐太宗是如何做好生态保护工作的？只有一个学生，迟迟没有动笔，快结束的时候，写下了一句话：我从来没听说唐太宗重视过环保工作。考核结果出来了，这个未答题的考生得了个满分，原来这道题考的就

‖注释‖

① 病病：动词和名词相结合，意思为以这种毛病为毛病。

是个人的诚信。唐太宗那时还没有环保概念，那些自以为聪明的人虽然答了几千字的答案，也只能是零分。而诚实的人，不自以为知道，反而被录用。

72 圣人自知不自见

‖原文‖

民不畏威，则大威①至。

无狎其所居，无厌②其所生。夫唯不厌③，是以不厌④。是以圣人⑤自知，不自见；自爱，不自贵。故去彼取此。

‖释读‖

当人们不畏惧统治者的淫威时，那么社会大的祸乱威胁就要来了。

不要轻视人民安居乐业，不要压迫人民生活生存，只要不压迫人民，人民就不会讨厌统治者的统治。所以得道的君王，有自知之明，不去过多地表现自己的威权。珍爱自己，但不去压榨人民而追求奢靡糜烂的生活。所以，统治者要学会去掉“自见”“自贵”，而保持“自知”“自爱”。

‖智慧启示‖

有人的地方，就会自然而然地形成一种主次关系，主位就是处于领导地位，次位就是处于被领 导地位。国家、集体、团体、企业甚至家庭，都是如此。如何才能达到和谐、和睦，共生、共荣？最好的办法就是处于主位者不要乱使权威，而要让处于次位者不能感受到受了压迫和轻视，各自按照无为而有为的原则，自我定位，共同发展。

注释

① 大威：大的威胁，意为社会动乱、祸乱。

② ③ 厌：指压迫。

④ 厌：指讨厌、不喜欢。

⑤ 圣人：指得道的君王。

就国家的层面而言，水可载舟，亦可覆舟。如果总是用苛政统治人民，一旦人民对其淫威不再畏惧，与其等死不如造反谋求活命时，必会起义造反，统治者就会灭亡。所以，统治者要奉行爱民敬民的自然无为之道，让人民休养生息、安居乐业，自己清静寡欲、无为而治，才能保证长治久安。

教育子女，也是一样的道理，强势父母逼迫出来的孩子，一般不会有大的出息。

73 天之道，不争而善胜

原文

勇于敢则杀，勇于不敢则活。此两者，或利或害。天之所恶，孰知其故？是以圣人犹[1]难之。

天之道，不争而善胜，不言而善应，不召而自来，繟然[2]而善谋。天网恢恢[3]，疏而不失。

释读

勇于蛮干妄为则容易失败，勇于谨慎谦下则容易成功。这两者都是勇，一个结果是好，一个结果是坏。老天所厌恶的，谁知道是什么原因呢？因此，得道的圣人在处理事情时始终将其看得很困难，从而小心谨慎一点点地去完成。

天之规律，不刻意去争反而容易取得胜利，不善言辞反而善于与人交往，想要的东西不去召唤，该来时自己就会来，看似悠闲自在、坦然恬静，其实善于谋划全局。天道的大网宽广无边，看似有很多疏松之处，但不会使一件事不按天道行事。

智慧启示

流传最广的一句话“天网恢恢，疏而不漏”就是从老子的这一章来的。但是，现在的词义比老子的原意狭窄了很多，只是用在犯罪分子身上，比喻犯罪分子干了坏事，就是逃到天边也会被抓回来。其实老子在这

‖注释‖

① 犹：仍然，还。
② 繟然：坦然，宽松舒坦。
③ 恢恢：广大、宽广。

里并不是针对犯罪分子的，而是针对自然、社会的一切运行规律，它们都逃不脱大道运行规律的主宰。

在这里，老子讲了两个勇：一个勇于胆大妄为，肆无忌惮；一个勇于守柔守弱，不怕落得个懦弱之名。固守柔而不冒进，遇事谨慎多思，反而以柔克刚，取得胜利，最后走向成功。老子强调，那些已经通晓大道的圣人，也不敢妄自作为，遇到事情先往难处思考，从而会加以重视，小心谨慎，努力从一点点小事开始，从而把整个事情妥善处理。得道之人如此，何况我们普通人呢？

74 民不畏死，奈何以死惧之

‖原文‖

民不畏死，奈何以死惧之！若使民常畏死，而为奇[1]者吾得执而杀之，孰敢？

常有司杀者杀，夫代司杀者杀，是谓代大匠斫。夫代大匠斫[2]者，希有不伤其手矣。

‖释读‖

苛政残暴到民不怕死的时候，以死来恐吓他有什么用呢！假若能让百姓害怕死亡、珍惜生命，那些为非作歹走邪道的人，我们把他抓起来杀掉，谁还敢为非作歹？

通常应该有负责律法大权的人行使刑杀的权利。如果不经过律法而随意杀人（指苛政），就像不懂木工技术而代替木匠砍木头一样，代替木匠砍伐木材，很少有不伤到自己手的。

‖智慧启示‖

律法可以严明，但不能苛刻，如果太过苛刻，政烦刑重，则民无所适从，随时有犯律法的可能。

企业管理也是一样的道理，一要纪律严明，二还要人性化，以人为本。那些对员工太苛刻的企业，动不动就处分、罚款，结果只能是人心涣散，走向灭亡。有些管理者，对下签各种各样的责任书、军令状，动不动就一票否决，几乎每一个下级主官都给过处分，这样的管理一定不会有好的结果。

注释

① 奇：与正相反，邪。

② 斫（zhuó）：砍、削。

75 无以生为者，是贤于贵生

‖原文‖

民之饥，以其上食税之多，是以饥。民之难治，以其上之有为，是以难治。民之轻死[1]，以其求生之厚，是以轻死。

夫唯无以生为[2]者，是贤于贵生。

‖释读‖

老百姓饥饿，是因为其君王收的税赋太多，所以饥饿。老百姓难于管理，是因为其君王政令烦苛，所以不好管理。老百姓不怕死，是因为其君王横征暴敛以满足其糜烂的生活，所以百姓奋力反抗而不怕死。

由此可见，那些不过糜烂享乐生活、不去压榨百姓的君王，胜过那些追求奢侈厚养生活的君王。

‖智慧启示‖

老子主张，君王不能追求奢靡，而应对百姓无为而治，自己也追求淡泊宁静的生活，不扰民、不役民，如果能这样就符合大道，远比强势作为的君王英明千万倍。

纵观社会发展史，那些贪图私利、追求奢靡的官僚，没有几个有好的下场。所以老子这里讲的智慧，不仅是对君王，其实对每一个管理者都适用。

如果是一家企业，管理者如何对待员工决定了企业能否不断发展壮大。那些以人为本、爱护职工、尊重职工的合法权益、充分调动职工内在工作积极性的企业，一定会不断取得成功。

注释

① 轻死：不怕死。

② 无以生为：不以奢侈的生活为目的而去作为，比喻甘心过恬淡宁静的生活。

76 兵强则灭，木强则折

‖原文‖

人之生也柔弱，其死也坚强[1]。万物草木之生也柔脆，其死也枯槁。故坚强者死之徒，柔弱者生之徒。是以兵强则不胜，木强则兵。

强大处下，柔弱处上。

‖释读‖

人活着的时候身体是柔弱的，人死后身体就变得僵硬。草木生长的时候是柔软脆弱的，草木死后枝干就变得坚硬干枯。所以强硬者往往与死亡连在一起，柔弱者往往与生长连在一起。所以依靠军事逞强必然会灭亡，就像树木坚硬干枯时会折断一样。

看似强大的往往走下坡路，看似柔弱的往往是向上发展。

‖智慧启示‖

老子举了两个人们身边随处可见的例子：一是人，活着时柔软，死了变得僵硬；一是树，生长时柔软，枯槁时变硬。从而告诉人们柔弱的珍贵，因为柔弱属于生长的、富有生命力的、能够蓬勃向上的，而强硬属于濒临死亡的、生命力消失的、衰落残败的、最终走向灭亡的。

人生在世，为人处世之间，如果见人总是逞强好胜、合作总是颐指气使、家庭中总是强悍霸道，最终都不会有好的结果。而善于柔弱，以柔处世，风来会弯，水来会浮，硬来会避，则处处会游刃有余，看似柔弱，其实能掌控事物的发展，最终取得理想的目的。

注释

① 坚强：与今义不同，指坚硬之义。

77 天之道，损有余而补不足

‖原文‖

天之道，其犹张弓与！高者抑之，下者举之；有余者损之，不足者补之。

天之道，损有余而补不足。人之道则不然，损不足以奉有余。孰能有余以奉天下？唯有道者。

是以圣人为而不恃，功成而不处[①]，其不欲见[②]贤。

‖释读‖

天之道，不就像张弓射箭一样吗？瞄准目标时，高了就往下压一点，低了就往上抬一点。弦拉得太紧就松一点，拉得太松就紧一点。

这就是天道呀，减少有余的，补充不足的。而人之道则不是这样，往往是贫穷的更加贫穷，富有的更加富有。谁能够富足有余之后而接济天下穷人呢？唯有那些得天道之人。

所以，得天道的圣人为天下百姓做事而不肆意妄为，事情成功之后也不居功。他只是顺天道而为，并不想表现自己的贤能。

‖智慧启示‖

天之道，损有余和补不足，正是自然界自我平衡、自我和谐的结果。因为道是没有分别心的，它平等地对待万事万物，从生物链到生态链，一环扣一环，各自按照自己的规律生长、发育、强大、灭亡，再生长、再发

注释

① 处：居。
② 见：现。

育……也正是万事万物的自我发展，使世界变得丰富多彩、充满生机。

而人之道，由于功利心的存在，往往贪婪占据人心的首位，而造成损不足而奉有余。在自然界，造成生态破坏，生物濒危；在社会上，造成两极分化，贫富悬殊过大。其结果，一是人类受到自然的惩罚，或病害，或洪水。二是社会动荡不稳，或战争，或动乱。所以，在老子的心目中，应该损有足而奉不足，人与自然和谐，人与人和谐，在和谐有序的社会中享受人生的幸福。

一个人的发展和健康也是一样的道理，只有损有余、补不足，人才能和谐发展。比如已经成了胖子，运动不足，就要补运动、损饮食，少吃多动，身体才能健康，高血压、高血脂才能远离全身，若损不足而补有余，只能胖上加胖，最终失去身体的健康。

78 弱之胜强，柔之胜刚

原文

天下莫柔弱于水，而攻坚强者莫之能胜，其无以易①之。

弱之胜强，柔之胜刚，天下莫不知，莫能行。

是以圣人云，受国之垢②，是谓社稷主；受国不祥③，是为天下王。

正言若反。

释读

天下没有比水更柔弱的，然而攻破坚强的东西，没有什么能胜过它，而且也没有什么能替代它。

这就是弱能胜强、柔能胜刚的道理。天下的人没有不知道的，但能做到的不多。

所以得道的圣人才说：能够甘居人下，接受包容和化解国家中各种屈辱之事，才能成为国家之主；能够责在人先，接受、承担、破解国家的各种祸乱灾难，才能成为天下的君王。这样正面的话，听着就像反面的话一样。

‖注释‖

① 易：代替，替换。

② 垢：屈辱。

③ 不祥：不吉祥，指灾祸、国难。

‖智慧启示‖

天下万物柔弱莫过于水。水可大可小：大如江海，小如露珠。水可上可下：山高水长，汇于海洋。水可见可隐：激流滚滚，水雾蒙蒙。就是这遇方则方、遇圆则圆、遇高成天池、遇低成江海的柔弱之水，无坚不摧、无固不克。比如海啸、比如洪水，所过之处，不管是水泥的高楼，还是钢铁的大厦，无不一片狼藉、万物尽摧。看似柔弱的水，胜过一切坚强的物。

本章最重要的内容，并不是在赞美水胜刚强，而是“受国之垢”“受国不祥”才能成为君王。水居低处，容纳天下一切污垢，而成江海，那么作为领导者的君王呢？如果总是高高在上，只能听赞美之言，不能听刺耳的真话，那结果只能是丢掉王位，自取灭亡。

一个领导者，要像柔弱的水一样，能上能下、能方能圆、甘居低处、乐居人后、胸怀宽广，容纳包容一切乱七八糟的烦心之事并解决它，承担肩付一切艰难困苦的劳心之事并能破解它。这样的人，在国则是好国王，在家则是好家长，在单位则是好领导。

一个乐居人上、没有担当，自己永远正确、他人永远要顺从的人，做家长，会家无宁日，做领导，会乌烟瘴气，做国王，会城破国亡。这正是老子辩证思维的重要思想。

79 和大怨，必有余怨

‖原文‖

和大怨，必有余怨，安可以为善？

是以圣人执左契[①]，而不责于人。有德司契，无德司辙[②]。

天道无亲，常与善人。

‖释读‖

调解了人与人之间大的怨恨，他们之间必然还会留下怨恨的烙印，这怎么能算好的解决办法呢？

那些得道的圣人，即使手里拿着别人的欠条，也不追着向人讨债。有德之人就像手拿欠条的圣人一样宽容，无德之人专注视人之行迹，以察他人之过错。

天之道不偏爱任何一个人，而善良的人总是按天道行事，所以天之道常常与善人同在。

‖智慧启示‖

人之怨恨，多由争名争利、尔虞我诈而起，不管双方有多么高尚的理由，其背后藏着最根本的原因，不是为名，就是为利。

因此，如果只是调解、只是和解，而不从根本上解决问题，只能是表面的和谐，而双方内心深处，照样会留下怨恨的种子。所以老子说，这不是好的解决办法。

注释

① 左契：契，契约、借据。借据分为两半，债权人和债务人各执一半，左边写债务人为谁，由债权人持有，右边写债权人为谁，由债务人持有。故左契实为借据。

② 辙：车轮的痕迹，喻人之行迹。

那么，什么是好的解决办法呢？这个办法，就是以德报怨。从思想深处化解怨恨的种子，用大德的胸怀，面对那些具有怨恨之心的人。

一旦从内心深处去除私心和贪欲，就如在怨恨的灶火中取出了燃烧的木柴，自然而然，怨恨就会凉下来，自然的善心就会慢慢地滋长。在这里，老子有两个比喻。那些有大德的人，就像借物与他人使用的债权人，虽然手中握有借条，但并不去催促还物，而是让物惠及于人，使人在无形之中培养感恩之心，若过去存有怨恨，则怨恨不解自解。而那些不懂大道、悟德不高的人，就如同收苛捐杂税的官吏一样，天天盯着别人，本来并未施惠于人，反而紧紧逼迫他人交税，必然从无怨恨而生出怨恨。老子总结说，其实大道并无偏爱之心，但是为什么大家感觉大道经常帮助那些善良的大德之人呢？原因是大德之人遵从了天道，所以天道总是和他们在一起。

按天道行事，天道自会相助，贵人会越来越多，怨恨会越来越少。

80 甘其食，美其服，安其居，乐其俗

‖原文‖

小国寡民，使有什伯[1]之器而不用，使民重死而不远徙。虽有舟舆[2]，无所乘之；虽有甲兵，无所陈之；使人复结绳而用之。

甘其食，美其服，安其居，乐其俗。邻国相望，鸡犬之声相闻，民至老死不相往来[3]。

‖释读‖

国家不要追求太大，国民不要追求太多，使那些成百上千的军队和兵器没有用处。让老百姓珍惜自己的生命而不远途迁徙，虽有可以远行的船和车辆，也没有什么人去乘坐。虽有国家的军队，没有什么地方去排兵布阵。使人民憨厚纯朴，就像结绳记事时的古人一样。

国民以自己的食物为甘美，以自己的衣服为华丽，以自己的居所为舒适，以自己的民俗为欢乐。两国近距相望，鸡鸣犬吠的声音都能听见，国民从生到死，也不互相争夺地盘、发动战争。

‖智慧启示‖

自然界存在着一个奇怪的现象，越是追求强大，往往越容易走向毁灭。在地球上，恐龙曾是最强大的动物，但如今不见了踪影，现在狮子、老虎、豹子、大象，应该是强大或者凶猛的动物，但都成了濒危物种，而

‖注释‖

① 什伯：古代兵制，十人为什，百人为伯。比喻众多。
② 舟舆：船和车辆。
③ 往来：我到对方那儿去，对方到我这儿来，比喻侵占对方地盘、领土。

那些弱小的兔子、山鸡，却永远代代相传，不见绝种。

老子的智慧在于，他看到了国家稍大一点，就会有立大国、图霸业的欲望，一旦有称霸之心，必然会发动战争、侵占他国领土、扩大自己地盘，最后形成兵马相战、互相残杀，使人民灾难重重，民不聊生。而都是小国，无能力挑起战争，大家都遵从大道，安守本分，互不侵犯，和谐共处，这样人民安居乐业，国泰民安，路不拾遗，夜不闭户，就像远古一样，纯朴憨厚，热情好客，一生都听不到战马的嘶鸣，看不到刀光的寒影。这样一种景象，将会是多么幸福和安康。

81 天之道，利而不害；圣人之道，为而不争

‖原文‖

信言不美，美言不信；善者不辩[1]，辩者不善；知者不博，博者不知。

圣人不积，既[2]以为人，己愈有；既以与人，己愈多。

天之道，利而不害。圣人之道，为而不争。

‖释读‖

真实的话语往往并不好听，华美好听的话很多时候并不可信。善良的人从不去巧言诡辩，能言善辩的人往往并不善良。真正有学问的人并不是什么都懂，看着什么都知道一点儿的人往往学问并不深。

得道的圣人不去主动累积财富，尽力帮助他人，自己反而更加富有，尽力给予他人，自己反而更加富足。

天之大道，利益万物而不伤害万物。圣人之大道，踏实做事而不去争名夺利。

‖智慧启示‖

人的天性本身就存在着弱点，能克服人性的弱点，就会有所作为，而滋长人生的弱点，往往一事无成甚至灾祸缠身。老子讲“信言不美，美言不信”，与忠言逆耳利于行、良药苦口利于病是一样的道理。真实的言语，往往朴实无华，因为是真，所以不必用华丽的辞藻来装点。而那些不

注释

① 辩：巧言，能说会道。

② 既：尽力，尽量。

真实的话语，为了使人信服，往往会渲染得美丽动听，但背后往往是坑人的陷阱。

这个世界，不可能对一个人事事公平公正，但只要遵循大道，其最后的结果一定是公平公正、圆满吉祥的结局。就像得道的圣人一样，他们总是用自己的知识去教化他人，总是用自己的智慧去点化他人，总是用自己的财富去帮助他人。他们从不有意积累自己的财富，也不隐藏自己的知识和智慧，而全拿来给予他人。但最后的结果，他们反而越来越富贵、越来越富足。

这就是大道，认真做好自己份内的事，顺应道的规律，不去刻意妄为，更不去与他人争来争去，争名夺利。但到最后，因为自己的善良和勤奋，德充其内，道在行中，虽不去争，该来的反而来得更多，不争成功，而成大功。正所谓，为而不争，是为大争。